JN032811

Special su
education
▪▪▪▪▪▪▪▪▪▪▪▪▪▪▪▪▪▪

特別支援教育
すきまスキル

高等学校
編

青山　新吾 編
堀　　裕嗣

明治図書

まえがき

こんにちは。青山新吾と申します。

このたび，堀裕嗣さんと一緒に『特別支援教育すきまスキル　高等学校編』を編集させていただきました。「特別支援教育すきまスキル」は，既刊の小学校下学年編と小学校上学年・中学校編に続く3冊目となります。お手に取っていただきありがとうございます。

2007年に学校教育法の一部改正があり，特別支援教育は法律に位置づけられて本格的に始まりました。それから十余年が過ぎ，時代はインクルーシブ教育システムを構築し，共生社会の形成に向けての教育を進めています。しかし，実際には，高等学校の現場で特別支援教育が十分に機能しているとは言えないように思うのです。

その理由は多岐にわたっています。中でも，その大きな理由として，高等学校の教員が，学校現場の実態に応じた特別支援に関わる基礎的なスキルを持ち得ていないことがあげられるでしょう。ここで言っている基礎的スキルとは，普通の教員が，普通に行えるレベルのものを指しています。特別支援教育を専門的に深く学んでいる一部教員だけが行えるものを指してはいません。

本書は，学校現場で日常的に目にする光景に対して，誰が行ってもこれだけはやりたいという基礎的スキルを整理し，提供することを目的としています。また，高等学校ならではの現場の実態や，生徒たちの卒業後の進路等を視野

に入れた基礎的事項についても触れています。

　しかし，本書は単なるスキルやアイディア紹介の書籍ではありません。学校現場でよく聞かれる「困っているのですが，どうしたらよいですか？」という問いに，すぐに応えるものではありません。そうではなく，スキルを導き出した思考の仕方も併せて示していくものになっています。

　まず本書では，学校現場の日常の中で生じそうな状況をピックアップしました。そして，それぞれに応じて

　・その状況の背景要因の分析

　　＝なぜその状況が生じているのかを読み解くこと

　・そのために知っておくべき知識

　・その状況に対しての

　　①集団に対する指導スキル　②個別の支援スキル

をパッケージにして示しています。これは，いかなる状況に対しても，教員が思考する手順を示しているのです。

　困った状況に対して，すぐに指導や支援を行うのではなく，まずは背景を読み解いていきます。また，何でも個別に支援するのではなく，その状況が生じている集団全体にアプローチを試みます。同時に，個別の支援も検討していくのです。特別支援においては「集団の中の個」という見方が重要です。本書で私たちは，集団と個のバランスを意識して，スキルを学んでいくことを提案しています。この提案が，多くの支援を要する生徒たちだけではなく，その周りのすべての生徒たち，そして関わる多くの大人にとって，少しでも役立つものになれば幸せです。　青山　新吾

もくじ

第3章　生徒指導

第4章　授業

第5章 連携・接続

第 **1** 章 2 3 4 5

教室の環境整備

❶教室環境の整備原則は？

　ある日の教室の風景です。

　「今度の試験についての注意事項を，教室の後ろに掲示しておきますから，各自で確認しておいてください」

　「将来の進路に関する大切な情報を，教室の後ろに掲示してあります。自分の関心があるものをよく見て，考えておいてください」

といった教員からの説明がありました。丁寧でわかりやすい表現で説明がなされています。教室の雰囲気は穏やかで，生徒たちはこれらの話をよく聞いているように見えます。

　しかし，数日あるいは数週間が経過して，とある場面で数人の生徒たちが，それらの掲示を全く確認していないことがわかりました。

　「なぜ，確認していないんだ⁉」

と叱責を受ける生徒に，

　「すみません」

と，一見素直に反省の弁を述べる姿が見られます。

　ところが，その後，必要で大切な情報を未だ確認できていないことが露呈したのです。やる気がない生徒には，何度話しても通じないと諦めモードの担当教員の嘆きが職員室に響きます。しかし，これらの生徒たちは，本当にやる気がないのでしょうか？

これだけは知っておこう

背景要因1 ☞ わかりにくい教室環境である

　その教室の後方掲示の様子を眺めてみました。そこには,大切な情報である各種プリントが,たくさん貼ってありました。生徒たちに大切なことをたくさん伝えたいという教員の思いが伝わってきます。しかし,その貼り方は,特に規則性もなく,また時系列もバラバラであったのです。つまり,雑多な情報の中から,今自分に必要な情報を選び出し,それを読んで理解したり行動したりする能力が必要な状況であったのでした。生徒たちの中には,今自分に必要な情報を選ぶことが苦手な人がいたのです。そこで,最初から諦めてしまい情報を見ていなかったり,自分には関係のない情報をじっくり読んでいたりすることが起こります。

背景要因2 ☞ わかりにくい人的環境である

　この担当教員は,丁寧に話をする方で,話が上手でした。そこでいつも重要な話を,口頭で伝えるだけになりがちでした。しかし,生徒たちの中には,聴覚認知に困難さがある人もいます。音声だけでその内容を聴き取るのが苦手なタイプです。また,生徒の集中を促すために,一度話したことは再度話さない,内容がわからず尋ねてくる生徒には強く叱責するようなこともあったのです。話を理解しにくい生徒には,教室が,とても不安な状況であったとも言えました。

集団への指導スキル

point 情報を得やすい掲示の仕方にする

雑多な情報の中から，必要なものだけを選ぶのが難しい生徒がいます。そこで，教室内の掲示を行う際には，カテゴリーを明確にします。「課題」「進路」「試験」「変更事項」など，情報の内容ごとにまとめて掲示すると同時に，色やフォントを変えた見出しを表示することで，情報を見つけやすくなります。

また，左から右に新しい情報を掲示していくなど，時系列を明確にすることによってわかりやすくなる場合もあるでしょう。日程や締切など，特に重要な情報部分にマーキングをするなど，生徒がわかりやすくなるための掲示の仕方を工夫します。これらは決して生徒を甘やかすということではありません。反対に，これまでうまく情報が理解できずに諦めてしまっている生徒たちのやる気を引き出し，自分から理解して行動しようとするモチベーションを上げていくことにつながるのです。

point 生徒から見た際の見え方を意識する

生徒から見た際の見え方を考えることは，教室の掲示に限ったことではありません。日常の授業における板書やスライド等において，その内容がわかりにくい，注目すべきところが不明確といったことにも重なる点です。時に，生徒たちにその見やすさを尋ねてみることも考えられます。

個別の支援スキル

point 自分の特性について知っていくこと

　生徒たちの中には，様々なタイプの学び方を得意とする人たちがいるはずです。雑多な情報の中から必要なものを選ぶのが得意であり，自分のペースで情報を確認したり，考えたりしたい人。情報を見ながら，その説明を同時にされると理解しやすくなる人。情報中にアンダーラインを引いたり，そのキーワードを抽出して示されたりすると理解しやすくなる人。そして真逆であり，このようなことが，逆にわかりにくさにつながる人もいるはずなのです。

　小学校とは違い，高校段階での指導であることを考えれば，教室環境のわかりやすさの工夫を受け身にとらえて，それらを享受するだけではなく，それぞれが，自分の学び方の特性，理解しやすさの特性について知ることが重要になります。

point 本人と対話できる関係づくり

　自分のことを知っていくためには，他者との丁寧な対話が重要になります。他者から一方的に教えられたり強制されたりするものではないのです。時間はかかるかもしれませんが，何がわかりにくいのか，どうなっているとわかりやすい気がするのかといったことを，他者と対話していくことから，少しずつ自分のことを理解できていくのです。

　本書を含め，様々な書籍等で，重要な配慮内容を知ることができます。それらを踏まえ，本人と対話ができる関係づくりを大切にしていきたいと思います。

集団への指導スキル

point 学び方，わかり方の違いを教職員間で共有する

　生徒たちの中には，様々な理解のタイプを有する人がいます。例えば，話しことばだけの指示や説明では理解しにくい人や，視覚的に示すことで，説明がなくてもわかりやすくなる人もいます。順番に示したり，カテゴリーごとに構造的に示したりするなど，情報の示し方によってもわかりやすさに違いがある人たちがいます。まずは，これらの事実を教職員間で共有することが重要です。誰もが同じ方法でわかるという前提に立ってしまうと，わかりにくい生徒に対して「さぼっている」「やる気がない」といった理解につながってしまいがちだからです。教職員研修の中に，人による違いを知り，それらを共有する内容を組み込んでみたいと思います。

point 人間の多様性について共有する

　上記の教職員研修会で共有した内容を，様々な折に，いろいろな教員が生徒たちに語り，人間の多様性について考える機会をつくることが重要です。そもそも，全員が同じように理解できるわけではないことを，生徒たちと教員が一緒に考えるというスタンスを示すわけです。これは，即効性がある取組ではないと思います。しかし，そのスタンスをいろいろな教員が見せることは，他者への寛容度を上げることになりますし，それが温かな人間関係の基盤になり，教室の安心感につながっていくのだと思います。

個別の支援スキル

ᵖᵒⁱⁿᵗ キーパーソンをつくる

　生徒がわかりにくさを覚えるとき，どうしてよいかわからず不安を感じるときなどに，孤立してしまわないことが重要です。そこで，校内に，その生徒と対話できる大人が必要になります。それがキーパーソンです。

　本人の不安や疑問をキーパーソンに対してことばにできることで，周囲から「さぼっている」といった誤解を受けなくても済むようになります。また，キーパーソンからアドバイスや対応法を教わることができれば，孤立して一人で諦めずに済むようになります。

　必ずしも学級担任がキーパーソンにならなくても構わないのです。学校内にキーパーソンがいることが重要です。部活動の担当者や学年主任等，その生徒にとってのキーパーソンをつくること，その存在と意味を学年団，学級担任等が共有していきたいと思います。

ᵖᵒⁱⁿᵗ 友人とのつながりをつくる

　キーパーソンとなる大人とは別に，一人でもよいので，本人が一緒に過ごせる，話せる友人がいることが重要です。その存在が，人間を信用する貴重な経験になるからです。そしてその信用が，これから生きていく上で，大きな力になっていくのです。慎重に介入を試みて，友人関係をつくるための場づくりや支援を検討してみたいと思います。

（青山　新吾）

❷座席位置決定の配慮ポイントは？

　クラスごとに学年全員が履修する教科の授業は，毎年一番多いクラスで37人くらいになります。40人収容の教室に，ほぼいっぱいの状態です。そのような状態の教室では，チャイムが鳴ってもおかまいなしで隣や前後の席の友達と私語をし続ける生徒や，授業開始の礼にも従わず机に伏せったままの生徒がいます。止まらない私語を注意し，起こしに行ってもわざと伏せったままの生徒の対応をしながら授業が始まります。ある程度の人数の集団になると，授業はなぜかひとごとで，自分ごとと考えられなくなる生徒が多いように感じます。

　定期考査では，教室や座席が変わります。ずっと前から予告し教室に掲示をしているにもかかわらず，当日になって，授業を受けていた教室と試験の教室が変わっていることを知り，大慌てになる生徒が必ずいます。そのような傾向の生徒は，あらかじめ調べたり確認しておいたりすることは苦手です。教室の黒板に掲示された座席表を見て，上下が逆向きだと，指定された席に正確に座ることが難しい生徒もいます。

これだけは知っておこう

背景要因1 ☞集中できない生徒がいる

　１クラス30人を超えると，勉強に集中することが苦手な生徒が複数いる集団では，教室全体が集中力散漫な状態に陥ります。椅子に座る姿勢や目つきや表情が，教室の空気感となります。座席の距離も近くなるため，私語が誘発されます。私語で済むうちはまだよいですが，ある教科では，私語が教師の揚げ足を取って攻撃する授業妨害につながり，教師が感情的になるのを待っている，そんな空間になってしまうこともあったそうです。

背景要因2 ☞環境の変化で不安になる生徒がいる

　小学校，中学校と不登校を経験している生徒にとって，高校で他の生徒とどう関わるかはとても難しい問題です。人との距離が近いと圧迫感を感じる生徒もいます。人目が気になり，年中マスクをつけている生徒もいます。

　ある女子生徒は，学校行事の文化祭に参加していて，バンド演奏が始まったとき，体育館を飛び出しました。大きな音に耐えられなかったそうです。その生徒は，修学旅行へ出かけるときは，ヘッドフォンをつけてきました。ほとんど外出することのない生徒でした。その子にとって，聞き慣れない音の刺激は大きなストレスになるということでした。

集団への指導スキル

point 習熟度別（少人数制）で住み分け

　学年全員が履修する授業，例えば国語の授業では，１クラス（37人程度）の生徒を習熟度別に「基礎コース」「教科書コース」の２つのコースに分けていました。人間関係を見ながら，一緒のコースにするともめごとが起きそうな生徒は分けます。課題テストの点数と併せて，生徒からコースの希望も取って参考にします。人数配分は「基礎コース」の方を少なめにして，より教師の目が行き届きやすくします。実は，授業の進度に大差はありません。「基礎コース」が賑やかになってしまうこともありますが，その分静かに授業を受けたい「教科書コース」の生徒の授業時間を確保できます。教師に攻撃性のある生徒も，少人数になると数を盾にしたような発言はあまりしなくなります。

point 教師のメンタルを平常心に保つ

　少し話がズレてしまうかもしれませんが，どんなに座席の配置を工夫しても，どうにもならないこともあります。教師に対して攻撃性のある生徒が複数いた場合，教室が荒れてしまうこともあります。そんなとき，「いかに教師のメンタルを平常心に保つか」が大切です。教室に早く行くなどして余裕をつくり，少々の攻撃にはへこたれない精神力を保って，「今日は今日，明日は明日」と切り替えて，目の前の生徒に立ち向かうことが，まずは教師に必要な基本的スキルだと感じています。

point 座席指定のルールを示す

　高校では，進級や卒業をするために欠席日数や欠課時数が問題になります。かつて，出席するだけで授業に参加せず妨害をする生徒もいたため，その授業の教室で指定された席に座っていないと欠課になる，と厳しめのルールを作っていました。どこに座ってもよいということにしてしまうと，立ち歩かないまでも私語などあって，やはり収拾がつかなくなるからです。集団生活を意識させる上でも，授業で座る席一つとっても，わかりやすいルールを示して，それを守らせることは大切だと思います。

point 個々へ配慮する

　賑やかに主張する生徒に気を取られて，つい見過ごしそうになるのが，静かで何もしない生徒です。また，集団の中には，頑張って勉強したいと思っている生徒もいるわけです。こうなると，少人数の利点を生かして，とにかく机間指導で声かけです。こちらが指導しやすい座席配置で常に机間指導し，私語をさせず寝させない，机の上のワークシートが書けていたら褒める，書けていなかったらどこがわからないのか聞く，そんな当たり前のことも，集中できない生徒にとって有効だと思います。

　元気な生徒が面白いことを言い，こちらとのやりとりになったときは殊更話を盛り上げて，みんなの気を引くようにしていました。全体をこちらに集中させる作戦です。個々に配慮しながら全体を意識することは大切だと思います。

集団への指導スキル

ほどよい距離を取らせること

　普通教室に，20人弱の生徒の座席は，教卓の前方に1列5人で4列分を利用するというように，ゆったりと配置しています。教卓との距離は意外に近く，教師の目もよく行き届きます。少人数だからこそできることですが，生徒の席をあまりくっつけすぎず，ほどよく距離を取らせることは大切です。人と関わることが苦手な生徒は，学校生活を通して，人との距離を自分で少しずつ縮められるようになっていきます。

学び合いの空間づくり

　十数人の少人数をさらに数人のグループに分けて活動させるときの工夫は，作為的にグループのメンバーを決めておくことです。日頃から理解がよく，活発で友達に教えたいタイプの生徒と，わからないことはすぐ聞きたいタイプの生徒と，静かに自分で取り組む生徒をうまく配置してグループにします。ワークシートで課題に取り組ませますが，ある程度個人で考える時間を取った後は，グループの中でわかった人がわからない人に教えてよいことにします。よく行われている学習形態ですが，私語を恐れずやってみると，それなりにうまくいきます。慣れてくると，机の配置でグループ割をしても，どのグループもある程度は学び合いの活動ができるようになります。

個別の支援スキル

point 1年間ずっと同じ席

　授業ごとに教室や座席が変わる学校では，生徒が混乱しないよう，大体どの授業も（余程の問題がない限り）1年間，座席を変えません。1年間同じ席の方が安心できる生徒もいます。眺める景色（教卓や黒板や前後隣の生徒など）が変わらないのが，年間固定の座席のよいところだと思います。「自分の居場所はここ」という安心感みたいなものがあるのではないかと考えています。

point 毎日登校することの大切さを伝える

　小中学校の不登校の経験から高校では心機一転，学び直しを意識して入学してくる生徒も多くいます。やっと通うことができるようになった学校です。なんとか卒業まで頑張らせたい，教師みんなの願いです。毎日，学校に来て，同じ席に座り，授業を受ける。それを続けることが何より大切であることを，入学してきたその時にしっかり伝えています。

　残念なことに，様々な理由から，途中で転退学していく生徒もいました。しかし，毎日通うことで環境の変化にも慣れてきて，様々なことを克服でき，皆勤で卒業していく生徒も多くいました。「この学校に来てよかった」と笑顔で卒業していく生徒たちを見るにつけ，教師冥利に尽きる思いがしていました。

（三牧　知子）

インクルーシブな教育

　高等学校の先生の中には，「入学選考があるのだから障害のある生徒はいない」とか「うちの学校の生徒はこういうレベルの範囲だから特別な支援を用意する必要はない」とお考えの方がいらっしゃるかもしれません。そして「インクルーシブ」は高校とは無関係ととらえていらっしゃるかもしれません。

　確かに，それぞれの高校には，それぞれ一定の範囲の学力がある生徒が入学しています。しかし，それは「全体」として見た場合であって，生徒一人一人は異なる特性をもっています。それは，いわゆる進学校の生徒でも，いわゆる困難校の生徒でも同じです。今まで出会った生徒の中に，教科間の成績の差が非常に大きく，それが努力しても変わらない生徒や，成績優秀なのに対人関係に困難さがあった生徒はいませんでしたか。忘れ物が極端に多かった生徒，何かが気になると他のことが全く入らなくなってしまう生徒はいませんでしたか。

　このような生徒がいる中で，高校では，教師が板書計画をもたないまま，ひたすら問題を解くだけの授業をしたり，「ここまで教えたらあとは自分でできるだろう」などと，説明を打ち切ってしまったりする授業がなされていたこともありました。「ある範囲」の中にいる生徒のはずなのに授業についていけなくなってしまったことがあったかもしれません。

　生徒指導においても，生徒の特性を理解しないまま，威圧的な指導をしたり，停学処分にしたりしていたこともありました。こうした指導を受けた生徒の中には，なぜ大声で怒られているのかが，わからなかった生徒もいましたし，「２週間停学」とされて，その間どのように過ごしたらよいか，誰からも教えてもらえず，自分で考えることもできず，本当に困っていた生徒もいました。

　確かに全体としては「ある範囲」にいるはずの生徒たちですが，個として見ると，個別の教育的ニーズがあって，それに対応する個別の支援が必要な生徒が存在しています。

　個別の支援と言えば，高校でも通級による指導が始まりました。しかし，個別の支援は特別な場で行うものがすべてではありません。むしろ，日々の学びの場である通常の学級での授業や関わりの工夫が大切だと思われます。

　新学習指導要領の解説には以下の文章があります。

　「通常の学級においても，発達障害を含む障害のある生徒が在籍している可能性があることを前提に，全ての教科等において，一人一人の教育的ニーズに応じたきめ細かな指導や支援ができるよう，障害種別の指導の工夫のみならず，各教科等の学びの過程において考えられる困難さに対する指導の工夫の意図，手立てを明確にすることが重要である」。さらに「自分の立場以外の視点で考えたり他者の感情を理解したりするのが困難な場合には（略）キーワードを示したり，心情の変化を図や矢印などで視覚的に分かるように示してから言葉で表現させたりするなどの配慮を

する」などの具体的な配慮の例が示されています。

　これは「国語編」ですが，すべての教科や領域の解説に同様の内容が掲載されています。

　このように，インクルーシブな教育とは，一人一人の生徒，つまり個に着目し，個の教育的ニーズに応じることによって，すべての生徒が，学びやすく，過ごしやすくなることを目指す教育であると言えるでしょう。

　ある高校の全校集会では，生徒たちはいつも列を作らずバラバラに過ごしていました。生徒指導担当の教師が大きな声で繰り返し指導をしてもその状態は変わりませんでした。一人の教師が粘り強く理由を尋ねたところ，「中学までは，クラスの廊下に整列して体育館に来たじゃないか。自分はそれについていけばよかった。高校ではなぜしてくれないのか」という答えが返ってきました。教師たちは驚きながらも生徒の声を受け入れ，担任が廊下に並ばせ，体育館には学級名のプラカードを置いたそうです。すると，曲がりなりにも列を作って並ぶようになったとのことでした。

　高校生だからできて当たり前と思うことを，いったんやめてみること，そして，うまくいかないことを生徒の努力不足のせいではなく，教育的ニーズととらえて，授業や関わりを変えること。一人一人の教師がこうした試行錯誤を続けることが，高校におけるインクルーシブな教育の実現につながると考えられます。それは，高校における教育の質そのものを向上させることでしょう。　　　（久保山茂樹）

第 **2** 章

1 **2** 3 4 5

コミュニケーション・
自己理解

❶思ったことをすぐに口に出して表現する生徒への指導ポイントは？

　A君は，自身の好みの歌手について他の生徒と好みが合わず言い合いになっているようです。「○○（A君の好きな歌手）のよさがどうしてわからないんだ」と言って，「お前は何もわかっていない」「馬鹿か」などと一方的に話しています。A君は他の生徒とのやりとりでこのようなことが多く，友人ができなくなって困っています。

　Bさんは，クラスでなかなか話せる友人がいないことで悩んでいました。そうした中，席が後ろになった生徒がよく話をしてくれるようになりました。しかし，Bさんは，自身の家で起きたことや，授業内容について自分の思っていることを一方的に話すことが多く，また，相手が話したことに対し，「私であればしない。常識でしょ」などと，聞き入れようとする様子が見られません。また，会ってすぐに「今日，何か顔が変じゃない」「変な声しているよね」など感じたことを話してしまうことが見られました。結局，話せる友人がいなくなり困っています。

　高校生では，こうした行動があると周囲の生徒に距離を置かれるようになります。友人をつくりたいと考えている人は多くいるのですが，どうして周囲の人が離れていくかわからないまま孤立していくことが多く見られます。

これだけは知っておこう

背景要因1 ☞状況理解が難しい

　その場の雰囲気から状況を察することを「空気を読む」と言われます。「空気を読む」ことは，人とのやりとりを行う際に必要になります。しかし，「空気を読む」ことはその場にいる人の表情や行動からその状況を理解できないといけません。そして，その場に応じた行動を取るには，その場にある様々な状況から，自分が周りからどのように思われ，どういった行動を求められるかを読み取らないといけません。このような，見えていないことを適切に読み取り，その場に合った行動を取ることは，自閉スペクトラム症の人には難しい場合が多いです。

背景要因2 ☞他者感情理解の苦手さ

　思ったことをすぐに口にしてしまうことは，その発言によって相手がどのような気持ちになるかということが読み取れないことが関係していると考えられます。自閉スペクトラム症の特徴として，相手の気持ちを想像することの苦手さがあると言われています。相手の立場を自分に置き換えて考えにくく，そのため，他者感情理解が難しくなります。

　こうした特徴から，年齢相応の人間関係の構築が難しくなることが見られます。困難な場面では，相手の感情を伝えていき，どのように振る舞うことが必要であるかを伝えていくことが大切になります。

集団への指導スキル

point 個々で理解の仕方に違いがあることを伝える

A君の例では，相手の生徒に対して，「なぜ，A君がそのような発言をしてしまうのか」説明をしました。「自分の好きな歌手のよさを伝えたいとの思いが強く，そのことから必要以上に強い口調で話したこと」「あなたが，話すことが嫌になっているということが表情や様子からは感じにくいこと」を伝えました。

障害特性という説明ではなく，A君の理解の仕方であって，個々で理解の仕方に違いがあることを伝えました。その後，A君と話す際に，具体的な説明を入れたり，自分の思っていることを明確に伝えたりしてもらうようになり，トラブルが軽減しました。

point 集団場面における場面説明

授業や学活などで，グループで取り組む内容のときに，進行状況や話の要点がわかりにくく，発言できないことや，意見を求められて適切な話ができないことが見られます。

こうした場面で，周りの生徒に詳しい説明を求めたり，話し合いの整理をしたりして，進行状況がどのようになっているか，わかるように指導をしました。このようなことは，対象の生徒だけでなく，誰にとってもわかりやすく，かつ，こうした話し合いの進め方を学ぶことは，すべての生徒にとって，大切なことになります。

個別の支援スキル

🎨 状況理解を促す指導

　A君には，学活の場面など，複数の生徒で話し合いを行う授業の際に，具体的に絵や文字で表しながら，どういった話し合いがされていて，どんな意見が出されているかを確認しながら状況を理解する指導を行いました。

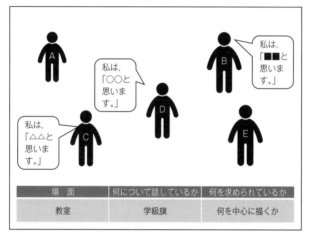

図　場面を考える

　図に示しながら，求められている意見はどういったことか，わからないときには，そのことを尋ねてもよいことも伝え，集団活動の振る舞い方を確認していきます。

　こうした状況理解の方法は，高校卒業後も必要なことになります。具体的な事柄を通して身につけていけることが望まれます。

集団への指導スキル

☝ 個々の違いを知る，感じる指導

　人は個々で違いがあってよいことを伝えていくことが大切です。思春期は，興味，関心のある人同士で仲間をつくっていく時期であり，自身との違いに敏感な時期です。しかし，自身と感じ方，考え方が違う人もあり，そのことを排除してはいけないことは伝えていかなくてはいけません。学活，道徳の時間などに，個々の違い，様々な見方，感じ方の違いが人によってあることを学べる授業を行うことは，発達障害のある生徒への関わりに大変有意義なものとなります。

　Bさんの例では，クラス全体に，人それぞれ見方，感じ方に違いがあることを授業で行いました。相手の生徒に対しては，具体的なトラブルの場面を挙げて，Bさんの感じたことや，Bさんから言われたことで相手生徒が言葉にしなかった自身の思いを引き出し，具体的に言葉として出されていないことがわかりにくい点などを説明し，どのような話の仕方がよいかを伝えました。その結果，トラブルが軽減されていきました。

個別の支援スキル

☝ 相手の感じ方を知り，振る舞い方を考える

　具体的な場面を通して，相手がどのように思い，どのように感じるか書面等を使いながら考えてみることも方法の一つです。書面で確認しながら相手がどのように思ったの

かを一緒に考え，どのような振る舞い方がよかったのかを
考えます。

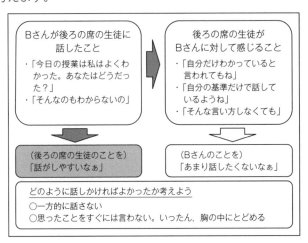

図　相手がどう思っているかを考えよう

point いろいろな感じ方があってよいことを伝える

　人は好みや感じ方がそれぞれで，「自分が好むことは他
者も好む」と考えていることがあります。自身が好きなこ
とでも他者は違うことを好むこともあるということを，伝
えていく必要があります。「好みの押しつけではなく，『あ
なたの好きなのは○○だね。僕は▲▲が好きだな』で話は
終わりにする」というように，具体的な振る舞い方を指導
していきましょう。

（和田　康宏）

❷困っても人に頼れない生徒への　指導ポイントは？

「困っても人に頼れない生徒」の例。

A君は，休日に友達と外出する，気に入った本の貸し借りをするなどの約束をしますが，しょっちゅうその約束をすっかり忘れてすっぽかしてしまいます。友達からは，「わざとではないか」と詰め寄られ，その場では謝るものの一向に改善しません。友達からは「言い訳ばっかり」「言っていることがコロコロ変わる，嘘をついている」などと言われ，友達との仲もぎくしゃくするようになりました。本人は，あまり気にしていない素振りをしますが，だんだんと学校も休みがちになってきました。

Bさんは，休み時間など，数名の女の子グループと一緒にいて話の輪に入っていますが，表情が暗く沈んでいて，どこか心ここにあらずのようです。グループの中では，Bさんはいつも黙っています。はじめは「大人しい子」としか思われていないようでしたが，楽しそうでないBさんに，友達は「どうしたのかな」と話しかけます。Bさんは何も答えることができません。友達は，「何か思っていることがあれば言えばいいのに」「困っているなら相談すればいいのに，黙っているだけでよくわからない」と言って，だんだんと疎遠になってしまいました。Bさんはとても困っているようなのにどうすることもできないようです。

これだけは知っておこう

背景要因1 ☞何に困っているのかがわからない

そもそも自分が何に困っているのかがわからず，友達とのトラブルでは，なぜ友達が怒っているのかがわからない。約束を忘れていたことに気づき，その場では謝りますが，行き当たりばったりの対応になってしまいます。これまでそれでなんとかやり過ごしてきた人は，まあいいかと思ってしまい，同じことを繰り返してしまいます。また，困ったとしても何をどう人に頼ってよいのかわからず，助けを求めることができません。さらにその背景に，ワーキングメモリの弱さがあると，自分の発言や約束をどのようにしたのかを記憶できていない場合もあります。そのために発言の辻褄が合わなくなり，周囲から「嘘をついている」「言い訳ばっかり」と受け取られることがあります。

背景要因2 ☞恥や罪悪感から人に頼れない

思春期・青年期は，「自分とは何か？」を意識する年代です。他人や周囲の人々にどう思われるかに敏感になり，他者に助けを求めることは，弱音を見せるようで恥ずかしいと感じることがあります。「人に頼ってはいけない」「人に頼ると迷惑をかける」と思い込んでいる場合もあります。「甘えている」「自分でなんとかしなさい」と叱られるのではないか，嫌われるのではないかといった不安や恐怖から，誰にも本音を見せられず，自分一人で我慢してしまうのです。

集団への指導スキル

point 困っている状況を明らかにし共有する

　周囲の人が困っている状況，友達との間で起こっているトラブルについて明らかに示し，共有することが求められます。大切なのは，いま何が起こっているのかを客観的に指し示し，その場でまず認識できることです。そのとき責任や問題を追及するような態度は決して取らず，あくまでも何が起こっているのか，その現状を明らかにします。

　Ａ君の場合は，その場での思いつきで話すので，結局，辻褄が合わなくなってしまい，行き当たりばったりの口から出まかせを言っているようになってしまいます。その場をやり過ごすことだけでは解決にはならないことを伝え，本人がそのとき問いただされて応えに困っている気持ちをできるだけ言葉で表現し，思いを共有するようにします。

point 相手を理解する優しいまなざし

　Ａ君は，なぜ約束を忘れてしまうのでしょうか。その背景には，注意力散漫でワーキングメモリの弱さがありました。その結果として言動の辻褄が合わず，嘘を言っているようにみんなには聞こえてしまいました。そのことをみんなが理解できれば，Ａ君の困っている状況を共有しやすくなります。集団の中で，誰もが相手の状況を正しく知り，相手を優しく理解するまなざしを普段から持てるように心がけ，働きかけます。

個別の支援スキル

🎣 ^{point} 根気よく声かけ・対話する

　A君の場合，どうしてもその場しのぎの適当な対処をしてしまいやすいので，根気よく声かけしながら，「いま友達との間で何が起こっているのか」「これからどうすればよいのか」をそのときに立ち止まって，後先を考えるように働きかけます。そして，いま浮かび上がってくる思いを丁寧に汲み取ります。そのとき共感力や想像力を働かせることが必要です。その思いを決して押しつけることなく，言葉にして表現できるように繰り返し声をかけましょう。地道な対話の積み重ねが大切です。

🎣 ^{point} 記憶のサポート

　聴覚での記憶やワーキングメモリの弱さがある場合は，例えば，約束をその場ですぐに書きとめ，視覚的にいつでも見返すことができるような手立てを取ることが役立ちます。リマインダーとして，前日などに注意を喚起するなど，記憶のサポートが助けにもなります。そのためには，自分の苦手な面を知り，それを補うために何ができるか，自分ができる手立ては何かを個別に一緒に考えてみることが必要です。相手を理解する優しいまなざしを自分自身にも向け，自分と他者が困っている状況を明らかにしましょう。ここでも，根気よく声をかけるといったスキルが有機的に働きます。

集団への指導スキル

point 人は互いに助け合うことを確認する

　誰しもすべてのことを一人で解決しているわけではありません。人は互いに助け合い，生きています。集団全体のなかで「助けを求めてもよい」と確認します。自分ができないことをなんとかしたいと思い，そのために頼ることは恥ずかしくない，悪くないと伝えます。このことがわかっておらず，他者に助けを求められない，人を頼ることができない人は意外にたくさんいます。誰かに悩みや思いを打ち明けられない分，周りの人はみんな自分一人で考え，解決しているのだという思い込みは強くなってしまいます。その思いに雁字搦めになってしまう人も少なくありません。

point 互いの違いを認め合う

　Bさんの場合，話のテンポについていけず，話している内容がよくわからなくなってしまい，話の輪に入りにくいところがありました。それでもみんなと一緒にいたい気持ちがあったわけですが，その気持ちを伝えること自体が恥ずかしいと感じてしまっていました。一方，周囲の人は，同じようなテンポで話をしないBさんは，楽しくないのだろうと思っていました。しかし，それぞれの思いを知り，「互いに違っていてもよい」「違って当たり前」と認め合うことで，それぞれの感じ方や個性の違いを尊重できるようになりました。

個別の支援スキル

point 恥ずかしさから一歩踏み出す勇気

　自分の思いを他者に話すこと，自分の心の内を見せることに伴う恥ずかしさに寄り添いながら，いまいるところから一歩踏み出す勇気を引き出します。「この人なら話してもいいかな」「話しても大丈夫，安心かな」と思える人を見つけ出し，少しずつ自分の思いを伝えてみようと声をかけてみます。Bさんは，グループの話についていけない自分を責め，そんな自分を見せることを恐れていました。その恐れを「誰か一人でいいので伝えてみたらどうかな」と優しく声をかけてみましょう。

point 「できること」と「できないこと」を理解する

　「自分の苦手な面を克服したい」「周囲の人と同じように振る舞いたい」と願っても，それをすべて叶えることは難しいでしょう。例えば「テンポよく話をしたい」「おもしろいことを言って人を笑わせたい」などと思ってみても，なかなか自分にはできないことがあります。そうしないといけないわけでもありません。自分のできることとできないこと，得意な面と苦手な面をしっかり見つめ，苦手なことは周囲に助けを求めながら，自分でできることをやってみることが大切です。困ったときには「助けて」のSOSを出せるよう，わからないことは「わからない」と恥ずかしがらずに伝えられるよう，自己理解を勧めます。

（日下　紀子）

❸ 自分自身の状況を理解しにくい生徒への指導ポイントは？

　自分自身の状況理解がズレていると，本人にとって様々な不利益が起こります。学校にいる間は，周囲や教師が環境を調節するため，その不利益は表面化しないことも多いのですが，学校を卒業した後に困る場合が多く見受けられます。

　太郎さんは，特別支援学校高等部に在学中，かなり気ままな学校生活を送っていました。授業中も好き嫌いが激しく，ノリのよい科目とそうでない科目における態度の差が大きいことが問題でした。また，部活動においても，練習には参加せず，そのくせ，合宿は旅行気分で参加します。注意されればヘソを曲げ，不機嫌になるので，先生方も「触らぬ神にたたりなし」という付き合いに追い込まれてしまいます。卒業後の進路希望は企業就労ですが，社会性の未熟さへの自覚がなく，先生方は苦慮しています。

　次郎さんは，普通高校に在籍しています。クラスで何かを決める際に，年中もめごとを起こしています。例えば文化祭の出し物を決める際に，概ねの方向性は喫茶をやると決まっているのに，お化け屋敷をやりたいと言って泣き叫び，クラス全体を白けさせてしまいます。彼は，ICT関係の資格をたくさん持っており，卒業後はそれを生かして就職すると言います。彼もまた，先が思いやられます。

これだけは知っておこう

背景要因1 ☞ 全体の状況が理解できない

　自己理解は，全体と自己とを対比してはじめて可能になります。発達に遅れのある生徒の中には，認知認識が細部に偏り，全体がつかめていない子がいます。この場合，一見「自分勝手」な様相を呈します。また，自分の振る舞いが他者の目にどう映るかということへの想像がなかったり，あるいは，大きくズレていたりすることもあります。こういう子の場合，身体の発達過程で外界と自分自身との関係がつかめるようになっておらず，ボディーイメージが育っていない場合が多く見られます。座ることや立つことができていない段階で走り回ってしまうような発達の道筋が原因の一つになっていることがあります。

背景要因2 ☞ 状況判断ができないか，間違えてしまう

　全体の状況に対して，自分自身がどう働きかけていけば，状況が良い方向へ向かうのかを想像することに困難を抱えている生徒もいます。この場合，大雑把に言って2タイプに分かれます。初めての場面で自信がなく緊張が強かったりパニックを起こしたりするか，逆にズレた想像をして自信満々で問題になる行動を起こすかです。どちらも，生育歴を見てみると，「思い浮かべる力」の獲得や，象徴機能の発達に遅れがあると思われる場合が多く，WISCの検査結果でFIQが平均以上でも，安定した社会生活を送ることが困難になりがちです。

集団への指導スキル

point 発達の途上にあることを周囲に理解させる

　太郎さんが成長していく過程で，周囲との間に多くの摩擦が発生します。しかし，教師が率先して太郎さんと関わり，その様子や発達過程がクラス全体に伝わるように心がければ，生徒たちは太郎さんを「成長発達する存在」として見るようになります。クラスのメンバーから太郎さんへの苦言も助言も，彼が受け止められるような形でする分には，互いに成長の糧になります。その形とは，大抵「わかりやすい」ものです。その見本を教師が示します。成長を促すようなクラスの空気をつくるのは教師です。逆に，太郎さんを排除する空気をつくってしまうと，常に誰かがスケープゴートになるような最悪のクラスができあがってしまいます。教師と太郎さんのやりとりが，太郎さんの成長につながっているところを見せることで，人の成長を信じられるようなクラスをつくっていくことが大切です。

point 座る，立つ，歩くという基本動作を大切に

　これらの基本動作が落ち着いてできない理由は個々に違います。従って，アプローチも個々に変わってきますが，クラス全体の目標として，生活上の所作を美しくすることを掲げておくとよいでしょう。社会に出たときに，所作の美しさが歓迎されないわけがありません。「きちんと座れる」「きちんと立てる」「きちんと歩ける」人は働けます。

個別の支援スキル

point 全体を認識できる身体をつくる

　人間の体験は，身体を通してするものです。その基本は，自分の身体に対する対象の位置を前後左右上下という空間認識をもって把握することから始まります。それぞれを，同時に動かす。片方だけ動かす。交互に動かす。別々の動きを合わせて一つの目的をもった動作をつくる。大きな筋肉群の動きから微細な動きに向けて発達する。座骨を座面につけて，脊髄を重力と同じ方向に立てて座る。両足でしっかりと地面を掴むようにして立つ。片脚でも，同様に立つ。などの基本動作が全体の調整のもとにバランスよくできていくように，それぞれの段階に合った動作課題をこなしていきましょう。一般的に，原始反射をコントロールしながら上記の動きをつくることができる身体ができてくると，全体認識能力や周囲と自分自身との関係把握力，判断能力も上がります。周囲と自分との関係がつかめることは，自分自身の状況理解に直接つながります。

point 自分自身の行動と結果の因果関係を理解する

　簡単な例えで言うと，４コマ漫画のオチがわからない状態で，流れに乗ろうとしている生徒がいます。意図はともかく，今自分がしていることが，周囲にどう受け取られ，どのような結果を招くのかが正確に推測できていないため，失敗してしまうのです。失敗しそうなことなら事前に，失敗したら事後すぐに，本人にわかりやすく説明しましょう。

集団への指導スキル

point 多様性のメンドクサさと意味を教える

　これはとても難しくて大切なことなのですが，多様性とはメンドクサイけれど，無知をなくし集団を強くするものだということを教えるのが学校教育のミッションだと僕は考えています。格好つけて言えば，One for all, All for one の実践です。偶然集まったメンバーの判断能力は様々です。そのメンバーが，共通の目的をもって互いの力量を知り，摩擦を乗り越え，力を合わせていく体験は，社会に出たときに必ず役に立ちます。現代社会では，様々な人がチームを組んで仕事をしていくことを，当然のように求めてきます。その手前の教育訓練として，高等学校だからこそ，このことに向き合わなければいけないでしょう。

　次郎さんが周囲と折り合えない原因は，主にどこにあるのかを教師がしっかりとつかみ，見立てをもって彼がメンバーの一員として折り合っていくプロセスをクラスのメンバーたちとリアルタイムに共有することは，望ましい社会の在り方を学ぶチャンスだと思うのです。

　「また次郎かよ！」
という他の生徒の声も聞こえてきますが，クラスという集団に参加できるような方向での個別支援を次郎さんに行い，その様を見せることで，連帯感を醸成していく必要があります。

個別の支援スキル

🔊 生育歴から確認すべきこと

　状況判断能力に課題のある生徒は，生育歴を見て発達の中味を確認してみると，心理社会的発達段階における，幼児後期（自発性 対 罪悪感）における経験のバランスが悪いことが多いと感じます。集団の中で，自分自身の主張を折り合う程度にしていけるようになるためには，出すぎた行動も消極的すぎる態度も，修正の対象になります。前者に対してはデメリットを明確に伝え，後者に対しては社会的に認められるような形で積極的に動いた際にしっかりと褒め，自信をもたせるように導きます。そうすることで，獲得し損ねた社会性のある段階を埋めていくことができます。

🔊 作戦会議をもって行動しやすくする

　状況判断を求められる場面で失敗しないように，対象生徒が失敗するときの傾向と対策を共有します。これを親しみやすく「作戦会議」と呼んだりします。

　将来，自分から相談をしたり，自問自答して乗り越えられるようになったりすることを目標にして，想定される状況と，それに対応して取るべき行動と，予想される結果を具体的に生徒と話し合い，実行に移す勇気を与えることで，成功体験を分かち合うことが大切です。

（髙原　　浩）

通級による指導

▶高等学校で通級による指導スタート

　学校教育法施行規則の一部が改正され，2018年度から高等学校においても「通級による指導」が開始されました。「通級による指導」とは，通常の学級で教科等の大半の授業を受けつつ，障害に応じて特別の指導を受ける指導のことです。「通級による指導」では，特別支援学校学習指導要領の「自立活動」に相当する指導を行います。自立活動の目標には，「個々の児童又は生徒が自立を目指し，障害による学習上又は生活上の困難を主体的に改善・克服するために必要な知識，技能，態度及び習慣を養い，もって心身の調和的発達の基盤を培う」と示されています（下線筆者）。また，新学習指導要領では自立活動の内容が改訂され，自らが生活しやすいように能動的に環境へ働きかけていく力をつけていくことに関する項目が追加されました。

　近年，発達障害のある人の「主体性」と「自己理解」を支援する社会的要請は高まっています。これらの力を高めることは，自己判断，自己選択，自己決定の力を育み，自分に必要な合理的配慮に関する意思の表明につながっていきます。

▶支援のドーナツ化現象を食い止めろ‼

　その反面，学校現場では，ある問題が起きています。行動面や情緒面で大変ととらえられる子どもの場合，どうしても周りの大人ばかりが対策を考えている状態になりがち

です。これでは，ドーナツのように，周りばかりが分厚くなってしまい，本来中心となるべき子どもの思いや声が空洞化しているのです。この発達障害教育における課題を，「支援のドーナツ化現象」と呼んでいます。

　これまでの特別支援教育のイメージ図は，子どもを中心に置いて，たくさんの大人が円になり取り囲んできました。連携や支援を強化しようとすると，どんどん周りのドーナツ部分ばかりが分厚くなり，中心部分を見過ごし空洞化が進んでしまうのです。これからの支援は，この本人の思いや願いが全く反映されない「支援のドーナツ化現象」を食い止める必要があります。支援の理想は，本人の思いや言葉を頼りにしながら，そこを中心に支援していく，いわゆる「あんドーナツ化」することではないでしょうか。あんこ（本人の思い，言葉）がぎっしり入った支援をしていくことが大切です。

▶本人の願いから指導をスタートしよう

　北海道の通級指導教室担当の山下公司先生（2016）は，「子どもと共同戦線をはることで，よりよい指導が可能になると示し，子どもの願いから指導をスタートすることで，子ども自身が活動に対して主体的に，そして目的意識をもって，課題に取り組む姿が見られる」としています。また，「子ども・保護者・学級担任の願いを把握する際は，ディマンドとニーズの違いを意識することが重要で，子どもの願い（ディマンド）を中心に把握したうえで，子どもに今生活するうえで必要なこと（ニーズ）を把握し，指導計画

を立てることが望ましい」と述べています。

　通級指導を行う際は，本人の「主体性」や前向きな「自己理解」を支えるため，子どもたちが，「なりたい」「ありたい」と思えるようになることや，「やってみよう」とすることなど，彼らの「思い」「願い」を大切にして，物事との向き合い方に変化を促す教育を目指していきたいです。

　特別支援教育の専門性とは，「子ども一人一人を丁寧に支援すること」であり，支援者が大切にしたいことは次の４つだと感じます。それは，①子どもの話をよく聴くこと，②子どもをよく見てほほ笑むこと，③子どもの近くにいて見守ること，④子どもの好きなことを共有することです。

▶特別支援教育は誰のもの

　Nothing About Us Without Us（私たちのことを，私たち抜きに決めないで）というデビッド・ワーナー氏の有名な言葉は，私たち支援者が真摯に受け止める必要があります。誰にとっても「社会で何をしてどう生きていきたいか」は重要な課題であり，誰かが「こうすればよい」と示せるものではなく，自分の生き方は自分で見つけていく必要があります。「主体的な学び」という言葉以前に，学ぶことや生きることは，本来，主体的なものであるはずです。彼らに自分で自分の生き方を見つけていく力を育てていくことこそが，教育の大きな役割だと考えます。（岡田　克己）

【引用文献】
・山下公司「子どもとの共同戦線で取り組める安全で協同的な関係づくり」『実践障害児教育11月号』学研，2016

第 **3** 章

1 2 **3** 4 5

生徒指導

❶ 特定の生徒や教師への攻撃がある子どもへの指導ポイントは？

　「特定の他者への攻撃がある子ども」について考えます。指導を行っていく上で忘れてはならないポイントとして，なぜ特定の他者に対して攻撃をするのか？その理由を探ることがあります。

　私たちは，他者に対して不利益を与えるような言動に触れたときに，自らの道徳や社会規範に照らし合わせて「許されないこと」として評価します。そして，そのような許されない言動を行う人に対して，「許されないことをするような人」，問題のある行動をするような「問題のある人」と評価してしまいがちです。しかし，そのような問題のある行動は様々な状況，背景によって生じます。つまり，問題のある行動が生じるような文脈の問題があるのです。よって，それらの行動に対応する前に，それらが生じる文脈からその理由を探ることが不可欠です。

　高校生という段階を考えてみても，それらは多岐にわたります。道徳的視点ではなく，分析的視点に立って出来事を理解しましょう。

背景要因1 ☞**攻撃することで環境が変化する**
背景要因2 ☞**感情のコントロールができない**

これだけは知っておこう

　私たちは，毎日の生活の中で様々な目的のもと行動しています。私たちの行動には，必ず何らかの働き＝機能があります。その機能を見極めることなく様々な行動に対応することは，時に多くの問題を生じさせます。そのため，問題とされる行動の機能的アセスメントをする必要があります。その際大切なことは，行動が生じる前の環境理解，行動の操作的定義，行動が生じた後の環境変化の理解です。

　まず，行動が生じる前の環境について「気がついたらやっている」「いつでも落ち着きがない」などと言われることがありますが，行動にはそれをする手がかり，きっかけが必ずあります。それを発見しなければなりません。

　次に，行動を操作的に定義すること，誰もが同じ行動として理解できるように直接的な行為として表記することです。"乱暴を働く" "けじめがつかない" など，道徳観や社会規範に照らした表現をすると正確な行動がわかりません。

　最後に，ある環境下で特定の行動をした後に「本人にとって」どのような変化が生じたかを理解することです。いたずらをした後に叱られたとしても，その後もやり続けるのであれば生徒にとっては「関わってもらえた」という変化かもしれません。どんな環境でどんな行動をして，その後生徒にとってどのようなことが生じているのか？それを明らかにすることが機能的アセスメントであり，それができることで適切な指導を計画できるようになります。

集団への指導スキル

ᵖᵒⁱⁿᵗ ソーシャルスキルトレーニング

　社会生活を営む上で，対人関係を相互に利益があるように円滑に結ぶことは非常に重要です。しかし，必ずしも常にうまくいくとは限りません。発達に特性のある生徒たちの多くは，自分の感情だけではなく様々な状況で他者の感情を適切に理解すること，さらにその状況において相互に利益があるやり方で自分の欲求を充足することに難しさを抱えています。それらはシチュエーションの理解の問題や，他者へ働きかけるスキルのレパートリーの少なさなど様々なことを背景として生じます。

　ソーシャルスキルトレーニングとは，社会的に許容され，価値のある方法で相互に利益となるようにやりとりする能力です。具体的にはコミュニケーション，円滑な対人関係の構築，集団行動，セルフコントロールなどです。これらは課題のある個人に実施されることでも大きな効果を生みますが，集団に対して実施することが可能であり，実践的問題解決法として活用することができます。その実施にあたり，①問題状況のアセスメント，②育てたいスキルの選定，③教材選択（環境設定），④実施，⑤振り返りの流れを確保した上で，対象に対して①教示（状況の説明と適切なスキルの解説），②モデリング（スキルを実際にやって見せる），③リハーサル（当事者が自ら行う），④フィードバック（スキル遂行への評価）を行うことが不可欠です。

個別の支援スキル

攻撃行動の機能的アセスメント

　私たちは，攻撃の理由としてその人が嫌い，トラブルがあったからなどと考えがちですが，人ではなくかけられた言葉，授業科目や課題内容などが手がかりである場合もあります。よって，場所，活動内容，刺激（言葉や音など）などを確認することが不可欠です。そして，その行動の後に本人にとってどんな変化があったのかを確認します。叱責したつもりでも，やり続ける場合は本人にとって好ましい出来事です。特定の状況で攻撃を行うことで，注目や承認，要求や回避などが成立しているかもしれません。

攻撃に代わる適切な行動の提案

　攻撃がどんな機能をもっているかの仮説を立てることができたら，それと同じ機能をもたせることができて，社会的に許容することができる別の行動を探します。例えば，暴言を吐いて教師を呼び寄せ，結果として指導を受けているという生徒がいた場合，「挙手」や，「来てください」「先生，質問です」と言うなど，その状況ですることを提案・指導するということです。

適切な行動による欲求充足

　最後に，今までは攻撃行動をしていた文脈で生徒が我々の提案した行動をした際には，確実にそれまでよりも満足度の高い形で欲求が迅速に充足される状況，社会的に評価される状況を確保する必要があります。新たな行動が適切な欲求充足として機能することが不可欠です。

集団への指導スキル

point ストレスマネージメント教育

私たちは日々様々な刺激にさらされており，その対応がうまくできない場合に気持ちが沈むなどの抑うつ・不安反応，イライラ，怒りっぽいなどの不機嫌・怒り反応，やる気が出ない，集中できないなどの無気力反応，疲れやすい，頭がくらくらするなどの身体的反応が生じることがあります。ストレスとはストレッサー（外的刺激）による非特異的な心理的・身体的歪み（ストレス反応）のことです。

ストレスは，心理学的には認知的評価と対処行動としてとらえられます。認知的評価は，外的な刺激に対してどの程度の脅威であるかの一次的評価とそれにどの程度対処できると感じるかの二次的評価，対処行動は，問題の明確化，情報収集，解決策の考案・実行による問題焦点型と他者への依存や回避などの情動焦点型に分けることができます。

ストレス成立の阻止，健康・適応促進にストレスマネージメントが有効です。これを自分の状況に応じて日常的に実施できれば，ストレスによる問題は生じません。その実施にあたり，①ストレス概念理解，②ストレスによる身体変化の理解，③リラクセーション方法の獲得が不可欠です。

高校生は学業，人間関係，進路に関する悩みなど，今まで以上に様々なストレッサーにさらされます。日常的に自らの心身の様子に意識を向け，ストレスが成立しないよう管理し，健康の維持・適応促進を図ることが望まれます。

個別の支援スキル

🐦 ストレッサーの理解

　私たちはストレッサーにさらされずに生活することは不可能です。また，勉強そのもの，科目，課題量，特定の友人関係やトラブル，予定変更や見通しのなさ，音量など，何がストレッサーになるかは一人一人異なります。そこで，自分がどのような刺激や課題，活動，シチュエーションに反応しやすいのかについての理解を深め，それらとの接触について管理できることが必要になります。

🐦 心身の変化への気づき

　ストレッサーにさらされた際，息苦しくなる，言葉が出てこない，じっとしていられない，何も手につかないなど，自分はどのような反応を示す傾向にあるかを理解する必要があります。そして，それらの反応が自分でコントロールできなくなって自分や周囲に不利益を与える前に自らの状態に気づき，速やかに対処行動に移ることが不可欠です。

🐦 リラクセーション

　代表的なリラクセーションに自律訓練やイメージトレーニングがありますが，専門的な方法でなくても深呼吸やストレッチ，目や耳からのリラクセーション，運動，休憩など環境を変える，異なる受け止め方を考えるリフレーミングなど日常的に実施可能な多くの方法があります。人によって何が効果的かは異なります。さらに状況によっては実施できない場合もあります。よって，複数の方法を状況に応じて使い分けられることが大切です。　　（東　　俊一）

❷ 絶対に自分自身の非を認めない生徒への指導ポイントは？

　ある日の教室の風景です。

　とある出来事から，生徒間のトラブルが発生しました。

　学校行事の委員になった生徒たちのトラブルです。担当教員から，仕事の進め方について指示を受けていたようです。それは，対外的な事案については，事前に担当教員に相談をしてから進めるといった，至極当たり前の一般的な内容でした。

　ただ，対外的な事案ということばには，その内容に幅があるわけです。また，事前に相談ということばにも，その内容には幅があります。つまり，どの事案ならば対外的と言えるかという意味での幅であり，また，事前に相談とは，どのタイミングを事前と言えるかといった意味での幅があるわけです。

　メンバーは，それらの幅を，高校生としての常識に照らし合わせて判断して進めようとしました。しかし，それがどうしても納得できないメンバーが1名いたのです。

　「先生の指示を守っていないのはおかしい！」

から始まった周囲への非難は，やがて，暴言の数々となり，また事情がわからない他の生徒を巻き込んでの誹謗中傷へと進んでいきました。その後の話し合いでも，自分の正当性を強く主張するだけで，話し合いにはなりませんでした。

これだけは知っておこう

背景要因1 ☞認知の偏りがある

　物事を認知する際，その認知の特性が影響します。例えば「対外的な事案」と聞けば，例外なく，他者と関連性がある事案をすべて該当するととらえるといった状況が見られます。「事前に」とあれば，その内容の程度にかかわらず，必ず「事前に」相談するものだととらえるといったことが生じます。そこには「ニュアンス」の理解や，程度に応じた状況による判断が入り込んできません。それゆえに，自分自身のとらえ方以外のとらえ方をする人の行動の意味が理解できず，自分自身の主張を強く展開することになると考えられるのです。

背景要因2 ☞周囲の人にも気持ちがあることがわからない

　人との関係を紡ぐ際，「論理」によって理解することは得意とするのです。例えば，教員からの指示を守っているのは自分であり，他者はそのルールに反している。ゆえに自分は正しくて，他者が間違っているという「論理」でとらえていきます。そして，自分に対して何かを言ってくる（それがたとえ，適切な説明であったとしても）こと自体を「不当」だという「論理」でとらえ，その怒りを表現するといったことが生じるのでしょう。そこには「論理」はあっても，周囲の人にも気持ちがあるという理解が抜けてしまい「論理」による表現に終始してしまいます。

集団への指導スキル

🔖 周囲の生徒の心情に寄り添う

　まずは，当該生徒から攻撃的な表現を受けた周囲の生徒の心情を推察し，そこに寄り添うことが重要です。

　通常のコミュニケーション状況から考えれば，周囲の生徒たちの判断，すなわち「指示内容には幅がある」「内容には程度があり，高校生として判断すべきというニュアンス，前提が存在する」という考え方は正当です。にもかかわらず，特定生徒の不可思議な言動と攻撃的な表現を直接受けるわけですから，その心中は察して余りあります。ですから，まずは不愉快な気持ちにさせられたことをわかろうとする人が現れることが必要だと思います。

🔖 丁寧にことばにして説明することを助言する

　ことばにしなくてもそれくらいわかるはずだと考えず，丁寧にことばにする重要性を助言することが重要です。

　「それくらい考えたらわかるでしょう？」

　といった感情的なことばではなく，決まりといっても，内容には幅があるのではないだろうかといった，丁寧なことばによる説明をしてみることを話します。また，できるだけ筋道立てて説明すること，すなわち「論理的」なやりとりが必要であることも併せて助言します。また，興奮し始めたら，話しことばでは通じにくいこと，いったんその場を離れたり，紙に書いたりといった対応も伝えます。

◆^{point} 本人の考え方を整理して共有する

　本人の考え方を言語化して整理し，共有することが重要です。ここで言えば「先生からの指示を守って行動することは大切だと考えたのですね」「生徒が勝手に判断して先生の指示を守らないのはおかしいという考え方ですね」のように，本人の考え方を言語化して共有するのです。案外，自分自身の考え方を言語化できていなかったり，興奮してしまい，自分の考えと怒りの理由がわからなくなっていたりすることもあるからです。この言語化が当たっていた場合，「この人は自分をわかってくれる」などととらえて，人間関係をつくることにつながる場合も多いと思えます。

◆^{point} 本人の考え方を広げるやりとりをする

　上記のやりとりが成立した場合，本人が，他者の考えも聞こうとする姿勢をもてることがあります。その際に大切なのは，考え方の幅を広げるようなやりとりをすることです。ここで言えば，「事前に相談」といっても，先に自分たちで考えてから相談に来る場合もあれば，すぐに相談に来る場合もあることを伝えるとか，小さなものを借りるだけのように，相談する必要がない場合もあることを話すといったことになります。その際，「暗黙の指示」とか，「程度による例外」といったキーフレーズをセットに共有するとわかりやすいことがあります。また，文字を書いたり図化したりするなど，視覚的に共有する工夫が，やりとりの成立を助けることもあると思います。

集団への指導スキル

^{point} 目に見えない人間の内面について共有する

　人間の内面，すなわち人の気持ちは目に見えないものです。しかし，目には見えないものですが存在しています。すべての人には感情があります。

　こういった内容を，道徳や特別活動など，教科や領域は問いませんが，一度ならず折を見て全体で共有することが必要だと思います。多くの生徒たちにとっては当たり前のことですが，そこの理解を苦手としている生徒にとっては，当たり前のことを全体で確認することに意味があります。学級担任だけではなく，いろいろな教員から伝えられることにも意味があると思います。特定の人だけがそれを伝えると，その人が間違っているといった理解により，内容をブロックして共有できないことも考えられるからです。

^{point} 不安を出し合える集団づくり

　一般論として，人間が不安を覚える状況について，集団に対して投げかけ，一緒に考えてみたいと思います。行動の見通しがもてない，課題に取り組めない等，様々な内容が語られ，共有されると予想できます。そのように，まずは，そもそも不安を語ることができる集団であるように指導していくことが重要です。そして，その中に，相手の気持ちがわからないことによる不安があることも織り交ぜて指導してみたいと思います。

個別の支援スキル

point キーパーソンをつくる

　生徒がわかりにくさを覚えるとき，どうしてよいかわからず不安を感じるときなどに，孤立してしまわないことが重要です。そこで，校内に，その生徒と対話できる大人が必要になります。それがキーパーソンです。

　先述したように，本人の考え方を言語化して共有するといったやりとりによって人間関係をつくることで，キーパーソンが生まれる可能性があります。同じことでも，誰がそれを伝えるかによって共有できたりできなかったりがはっきりしていると思います。それゆえに，まずはキーパーソンをつくることが重要です。

point 他者にも気持ちがあることを伝える

　キーパーソンをつくることで，本人と共有したいこと，説明したいことが伝わる可能性が増します。ここでは，シンプルに，周囲の他者にも気持ちがあることを伝えたいのです。その際，まず本人自身の気持ちについて，一緒に言語化することが必要です。「腹が立った」「理解できなかったので嫌だった」など，シンプルでもよいので一緒に言語化します。その後，では周囲の他者には気持ちがあるか？と尋ねます。まずは，他者の気持ちの有無を尋ねるわけです。他者にも気持ちがあることが共有されてから，その気持ちの中身について触れていきます。その際，視覚的に共有する工夫などを用いることも必要でしょう。

（青山　新吾）

❸忘れ物が多かったり，指示等をすぐに忘れてしまったりする生徒への指導ポイントは？

　忘れ物が多くて指示等をすぐに忘れてしまう生徒が義務教育９年間を学び，高等学校に入学するまでに，個々いろいろな工夫や方法をご両親や先生たちとともに編み出しておられるのではないかと思います。

　ICT機器などの外部補助を使うことが習慣化できれば，この課題そのものを克服できる時代がきました。さらに，今しばらくかかるでしょうが，これからはAIが授業内容を録音してくれたり，宿題や課題一覧を写真に撮ってくれたり，提出物を整理し記憶してくれたり，必要なときにそれを教えてくれたりするでしょう。

　過渡期の今は，ボイスレコーダー・タブレット・スマートフォンなどの機器とソフトやアプリを自分で管理したり，身近な人に助けてもらいながら使いこなしたりすることがまだ必要です。

　背景要因１では言語的短期記憶の弱さへの合理的配慮を，背景要因２では生徒の特性の理解不足から学びの扉を閉ざしてしまう例に触れて，それぞれの対策を提案したいと思います。

これだけは知っておこう

背景要因1 ☞ 言語的短期記憶などに弱さがあり，言葉や数の情報を覚えておくことができない

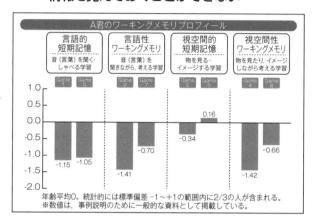

図1

背景要因2 ☞ 学びの構えの歪みから，学習への興味が失せて学習準備や他者へ関心が向けられない

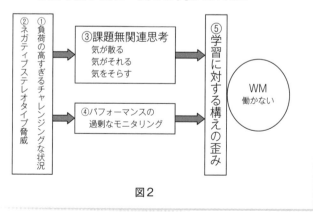

図2

言語的短期記憶などに弱さがあり，言葉や数の情報を覚えておくことができない

集団への指導スキル

point 記憶のサポート①記憶方略の活用

　どうしても伝えたい大切な指示は，単純ですが「繰り返す」方法を使います。また，音声情報だけの指示では弱いので，並行して視空間情報や触覚などの多感覚を利用します。絵や図を使って指示するのは幼い方法ではなく，音声情報を脳に蓄えられないタイプの生徒が助かる方法です。

　語呂合わせで覚えやすくするのもよい方法です。

　例）指示「明日は体育祭です。各自<u>水</u>筒・<u>ゼ</u>ッケン記名用<u>マ</u>ジックを持ってくること。あと，<u>放</u>課後打ち上げがあるので少し遅くなることを家の人に伝えておいてください」

⇒頭文字の<u>水マ放・スマホ</u>と覚えて帰る。

point 記憶のサポート②長期記憶の活用

　生徒の過去の体験の中にある言葉を利用して，新しい情報を覚えやすくします。視覚イメージをもちながら，小中学校で体験したことや記念日などの数字を使うことも有効です。ひとは誰でも初めて聞く言葉や数字を覚えておくことは脳に負荷がかかり覚えにくいのですが，すでに体をとおして体験したこと・すでに学習して長期記憶に蓄えられている言葉や数字は負荷なく楽しく思い出すことができます。

個別の支援スキル

point 補助機器の利用

　自分のからだにある機能だけで記憶をするのではなく，外部記憶媒体を使います。具体的には，ICT機器があり，音声情報の記憶にボイスレコーダー，視覚情報の記憶にスマートフォン・タブレットなどのカメラ機能を用います。個別の必要度に応じて，機器を選び，学校の担任や通級指導教室の担当者と場面ごとの練習と並行して，周囲の生徒の理解も進めて，いつでも外部記憶媒体に頼ることができるように環境を整えていきます。

　周囲の友達との違いが気になる思春期・青年期に，他者とは違う学びの方法を選択するには本人の自己理解が必要です。ICT機器の利用を負い目に感じることなく自然に使うには，自分の学び方の特徴を知り，自己理解して，作戦を立てながら学ぶことや時には友達の支援を借りることがとても素晴らしいことだとわかるようにします。

　アセスメントなど客観的指標を利用して自分の特徴を自覚できれば，自分の弱さに向き合って生きる覚悟ができます。また，通級指導教室などで，図2（p.61）のような学びの構えの歪みの図を使い，自分はどのような場面に遭遇すると，学びから逃避してしまうのかも併せて自覚する学習をすれば，メタ認知が進み，弱さを隠して他者に引け目を感じながら本来の力を出せないよりも，短期記憶の弱さの出る場面では恥ずかしがらずに素直に周囲に助けを求め，得意な場面では他者を助ける対等な関係が構築できます。

　図2の「⑤学習に対する構えの歪み」が起きていると，
本来のワーキングメモリの力（記憶を大きく左右する力）
を発揮できません。①〜④に分けて考えてみましょう。

集団への指導スキル

point
①負荷の高すぎるチャレンジングな状況

・指示するとき誰にもわかりやすい言葉を選びます。

・指示時間と言葉が長くなりすぎないようにします。

・聴覚だけでなく，視覚や触覚などを使って指示を出しま
　す。

point
②ネガティブステレオタイプ脅威

・学習履歴の中で，クラス内や教師との関係で傷ついて修
　復できていないことがあり，その脅威にさらされると学
　びの扉が閉じるので，言葉だけに頼らず非言語（表情・
　身振り・手振りなど）を大切にして，威圧的にならない
　ような指示を出します。これはすべての生徒に有効です。

・わからないことを知られたくない生徒がみんなの前で恥
　をかくことがないようにしましょう。例えば，ランダム
　に指名して発表させるような一斉授業の形態で傷ついて
　きた生徒が多いので，ペアやグループで互いの考えを聴
　きながら学ぶ形態を教師は積極的に取り入れて，生徒同
　士が対等に関われるような学習の場をつくります。これ
　もすべての生徒に有効です。

個別の支援スキル

①負荷の高すぎるチャレンジングな状況

　授業終了後に，次回新しく学ぶところだけを色分けした簡単な「次回授業流れメモ」を渡して見通しをもたせます。予習的補習を授業前にしておくことで，心理的な負荷を下げて，授業に臨むことができます。

②ネガティブステレオタイプ脅威

　生徒自身が，自分の特徴のひとつである「○○の場面では自分は勉強したくなくなる。課題から逃げたくなる」ことを自分自身で客観視できるまでトラウマのケアがされていれば，支援者と共に対策を立てることができます。

③課題無関連思考

・できそうにないとはじめから諦めているときなど，課題から無意識に逃避して，手遊びしたり別のことを考えたりします。教師から近い座席であれば，逃避行動を抑えることができますので，座席を前のほうにします。

・生徒のそばを机間巡視したときに，指示を出します。黒板をコツコツとたたいたり，掲示物などを用意して黒板に貼ったりして興味がそれないようにします。前もって予習しておくと諦めや逃避を防ぐことができます。

④パフォーマンスの過剰なモニタリング

　周りの人はそれほど意識していない，見ていないのに，本人が過剰に反応して萎縮し力が発揮できないときがあります。他者の目が気になりにくい座席の配慮や他者と協力する学習形態の工夫により軽減できます。　　（西　　幸代）

❹特別指導を受けている発達に課題がある生徒と保護者への指導ポイントは？

カーッとなったら自分自身を抑えきれなくなってしまう生徒がいます。

以前こんなことがありました。Ａ君は場の雰囲気が読めず，周囲の生徒は次第にＡ君を敬遠するようになり，そんな周囲の様子を見て，自分を理解してくれない，いじめられていると勘違いする。そしてちょっとしたことが原因で火がついてしまい，相手を攻撃する。その結果，それまで我慢していた周囲の生徒の一人がついにカーッとなってしまい，その反応を見てＡ君は逆ギレし，とうとう手を出してしまう。さらに，いったんカーッとなってしまうとその怒りを抑えることができず，辺り構わずあたり散らして物を壊す。教師が身を挺して押さえ込まなければ収まらない。

暴力行為は特別指導の対象となります。発達に課題があることが原因で特別指導になる場合は，様々な難しさを伴います。そして，その保護者に特別指導を理解してもらえない場合，指導がさらに困難になることがあります。

背景要因1 ☞**場の雰囲気の読み取りが苦手で，感情のコントロールに課題がある**

背景要因2 ☞**保護者にも発達に課題がある場合がある**

これだけは知っておこう

　法の整備は進んでいるものの，社会に出れば，発達に課題があっても，様々なルールに従って生きていかなければなりません。そして社会に出ていく前の社会教育・市民教育を施すことができる最後の場が高等学校です。

　よって，発達に課題がある生徒にも，特別指導の枠組み（各校の内規による訓戒や停学（謹慎）等）については，それに則った枠組みを適用すべきです。

　この段階で特別な扱いをすることは，被害者やその保護者，周りの生徒との関係性の中で，さらなるトラブルを引き起こす可能性もあります。

　ですから，特別指導の枠組みについては特別な配慮をすべきではありません。

　その一方で，特別指導は懲戒ではなく，その生徒が学校生活を送る上で，あるいは社会に出ていく上で必要な資質・能力・態度を身につけさせることが目的であることを十分認識しておく必要があります。

　よって，指導の枠組みについては共通のものを適用するが，具体的な指導の内容については，学校生活や社会に出てから困らないようにするための，今その生徒に必要な支援を行えばよいのです。

　そして，指導という名目だが，内容は支援であるということを，当該生徒の保護者にもしっかりと理解してもらうことが大切です。

集団への指導スキル

🐟 基本的な考え方のクラスでの徹底を

　小・中学校でインクルーシブな教育を受けてきた高校生だからといっても，まだまだしっかりとした考えをもっていない生徒もたくさんいるのが現実です。高校生であっても，まずは，当該生徒がいない特別指導のタイミングを利用し，それぞれの個性を尊重し，認め合い，また補い合うことの必要性を再認識させることが必要です。

🐟 自己の在り方・生き方も同時に考えさせる

　その際，これから社会に出て，自分が目指す自己の在り方，生き方と関連づけて考えさせること，今の未熟な部分をもった自分ではなく，自分が目指すべき姿になったときの視点に立って考えさせることが大切です。その上で，今後，どう接していけばよいのか，事が起こりそうになったときにはどう対処すればよいのかを考えさせます。

🐟 教師の「率先垂範」

　生徒は教師の当該生徒への対応の仕方や自分たちへの対応の仕方をよく観察しています。そういった点で，あるいはそれを逆手に取って，教師がしっかりと適切な対応を行うことで，生徒もそれを見習って適切な対応を取るようになります。当該生徒が場にふさわしくない言動をした場合は，全員の前ではなく，教室の隅などに呼び，周りの生徒にも聞こえるくらいの声で，当該生徒をうまくたしなめ，

周りの生徒にも納得のいくような話をするようにします。このような対応は，教師への信頼度を高め，その後のクラス運営を円滑なものにすることにもつながります。

個別の支援スキル

出身中学校との連携

　発達に課題がある生徒が特別指導に相当する事案を起こした場合は，指導の連続性という点で，出身中学校からの「個別の支援計画」の確認だけでなく（「個別の支援計画」が中学校から引き継がれていない場合も多いので，その場合も含め），中学校を訪問し，中学校時代の同様な事案の有無，ある場合は，それに対する対応の仕方，解決の仕方等について，直接関わった教師に確認することをお勧めします。連続性のある，より適切な解決方法を探る手がかりとなり，当該生徒を効果的に支援することにつながります。

自分で考えさせ，「見える化」する

　特別指導の具体的な内容としては，場の雰囲気が読めない，怒りを収めきれないなど，社会に出る前になんとかしておきたい点を，しっかりと支援することとなります。

　特に，怒りを自分で収めきれない，つい手が出てしまうという点については見逃せません。そのような場合は，アンガーマネジメントという存在を知らせ，その方法を教えます。そして，ただ教えるだけでなく，自分に合った方法を考えさせ，それを「見える化」させ，いつでも確認できるようにしておくのが効果的ですし大切です。

集団への指導スキル

point 対応可能な関係者とつながる

　発達に課題がある生徒が特別指導を受けることになり，経緯を母親に連絡すると，全く理解してもらえず，我が子の言い訳を鵜呑みにし，学校を攻撃するばかりで話にならないということがありました。そしてついにはみんなに「いじめ」られていると訴えてきたりして，いくら理路整然と説明しても，どうしても話が噛み合わず，特別指導に入れないということがありました。

　時として，保護者にも発達に課題がある場合があります。

　特に当該生徒の担任が若い教師の場合，理解してもらえないのは保護者への説明不足だとベテラン教師から叱責され，学校と家庭との板挟みになってしまうという二次的な問題が発生することもあります。

　このような場合は，まずは，学年主任などベテラン教師と一緒に，母親と直接会って話をします。それでも難しい場合は，躊躇せず，もう一方の保護者，この場合は父親（父親がいない場合は，祖父母や後見人など）にアポイントを取ります。父親等に，当該生徒をどうにか支援したいが，そのことを母親になかなか理解してもらえないといった趣旨の内容を誠心誠意伝えます。するとこれまでの経験からほとんどの場合，冷静に対応してくれます。それでもうまくいかない場合は，スクールソーシャルワーカーなど第三者に介入してもらうことを検討します。

個別の支援スキル

point 保護者も支援する

　母親にも発達に課題がある場合，特別指導への対応を父親に求めます。担任をはじめとした関係教員は父親とのやりとりを始めます。そして父親との間で信頼関係が構築されてくると，父親は子どもへの対応の困難さだけでなく，発達に課題がある妻への対応の困難さも語るようになる場合があります。

　そのような場合，あるいは直接語らなくても十分そのことが推測される場合は，子どもだけでなく，父親もスクールカウンセラー（あるいは専門機関）につなぎます。

　父親は普段から妻への対応で手一杯で，子どもまで手が回っていない可能性があります。そうであればその状況は，特別指導中も特別指導があけた後もずっと続きます。その中で，子どもへのしっかりとした対応は難しいでしょう。

　また，父親はこれまでも妻への対応の難しさに悩み，人知れず苦しい思いをしてきたかもしれません。

　子どもだけでなく父親もスクールカウンセラーにつなぐことで，父親は，精神的に楽になり，また様々なことを教わり，妻への対応も楽になります。その結果，子どもへの支援にしっかりと力を注ぐことができるようになります。

　場合によっては，父親と母親が一緒にカウンセリングを受けることも考えられます。学校と家庭は両輪です。必要であれば保護者もしっかりと支援しましょう。

（豊田　晃敏）

ワーキングメモリ

やる気はあるのに，いつの間にか課題を途中で投げ出してしまっている生徒の多くは，「ワーキングメモリ」に何らかの課題を抱えているかもしれません。

▶ワーキングメモリとは

ワーキングメモリとは，「情報を一時的に覚えておきながら，目的に合わせて取り出し，考える働き」です。

ここでの「情報」は，音声情報に加え，視覚情報や動作情報があります。ワーキングメモリに見られる個人差は，一度に受け取ることができる情報量の大小の違いや，受け取る情報についての得意・不得意を意味します。

また，「目的に合わせて取り出してくる」情報元は，長期記憶であり，これまでに得た様々な知識・体験です。

ワーキングメモリは，学習を支える認知的基盤であり，その特徴を踏まえた個への配慮は，結果，他の生徒にとっても有効な支援となる場合も多く，授業のユニバーサルデザインを考える上で，有効な手立てとなります。

▶情報量の最適化と多感覚化

新たな知識を水に例えるならば，学習はそれをボトルに注ぎ込むようなものです。ワーキングメモリはボトルのネック部分にあたり，そのボトルネックが細い場合，一度に多くの情報が流れてくると，あっという間にあふれ出てしまいます。また，情報も，視覚化するだけではなく，動作化（具体物を提示し，操作できるようにしたり，実際に動

作を示して提示したりする等）することで，ようやくボトルネックに情報が入ってくる生徒もいます。情報量の最適化と多感覚化は，支援の第一歩として心がけてください。

▶長期記憶の活用

ワーキングメモリには，情報がほんの短い時間だけしかとどまれません。一方，学習された知識は，長期記憶として半永続的に頭の中にとどまります。長期記憶から引き出された情報は，ワーキングメモリ内で明確に表象され，ワーキングメモリの働きをサポートします。この長期記憶の内容は，個人の関心や経験によって異なります。歴史に詳しい生徒もいれば，機械に詳しい生徒もいます。新しい学習内容を，生徒たちの中の長期記憶と結びつけることは，ワーキングメモリの働きを補う有効なサポートの一つです。

▶見ること・書くことへの配慮

ワーキングメモリをフルに活用するには，注意を向けた先にスポットライトがあたっている必要があります。そのため，その他の情報に注意が奪われたり，他の作業の負担がかかるなどして注意を割り振りできない場合をできるだけ回避していく必要があります。

音環境・教室環境を調整していくことはもちろんですが，生徒が普段目にする文字のフォントも，ユニバーサルデザインのものであれば，視覚情報として認知されやすいですし，ワークシートが構造化されていれば，視点の移動に負担がかかりません。また，書くことに負荷がかかっている生徒の場合，書く箇所を少なくしたり，ICT を活用するこ

とで，「今，ここ」の課題に注意を向けることができます。

▶小さな成功体験を蓄積し，自己理解を深める

　生徒は，これからの社会生活を見据え，自らが自らのサポーターとして成長していく必要があります。そのためにも自己理解は，重要なキーワードとなります。教師は，キャリアカウンセリング等の個別面接の時間を利用し，生徒に学習場面での成功体験に着目させ，自らの強い面とサポートが必要となる面に気づくよう促し，自律的な学習者としての成長を支えてください。

（湯澤　美紀）

1 2 3 **4** 5

第

章

授業

❶英単語が覚えられない，英語の学習に苦戦している生徒への対応ポイントは？

　英語の学習に苦戦している生徒といっても，語彙，リスニング，読解，文法などいくつもの領域があります。ですがここでは，特に中・高生に多い「単語の読み書きでつまずいている」生徒に焦点をあてます。とはいっても，高等学校の授業は扱う内容も多くスピードも速くなります。そのため中学校の単語などやっている時間がない，と思われるかもしれません。

　ですが英語につまずく高校生の多くは，すでに中学校のときから英語に対する苦手意識があることが多く，高校英語は中学校英語で学んだ知識を前提に進められるため，もし中学校の初期段階でつまずいていれば，そこで学ぶはずだった内容がすっぽり抜けたまま高校に上がってきている可能性が高いことが考えられます。

　そして英語がわからなくなる最も大きな原因として，「単語が覚えられない」「読めない，書けない」という学習の基本的なスキルが身についていないことが指摘され続けています。

　高校生までで身につける単語の語彙数は新学習指導要領では2,500語，小学校からでは４千語を超えます。これをすべて暗記でカバーすることは難しいですね。どうすれば単語の読み書きがもう少し楽にできるのでしょうか。

これだけは知っておこう

背景要因1 ☞フォニックスを知らない

　フォニックスとは，文字と音の対応規則についての指導法のことです。例えば日本語では「"き"という文字の横に小さい"や"があったら，/kya/ と読みますよ」という知識を小学校で学ぶように，フォニックスでもアルファベットの文字の音，そして文字の組み合わせがどのような音になるのかを学びます。フォニックスを学ぶことで，①「あてずっぽう」の読み書きによる誤りの減少，②知らない単語（未習の単語）が読めるといった利点があります。

背景要因2 ☞英語の音節感覚がわからない

　高校生ではアクティブ・ラーニングのような活動も楽しめるようになりますが，その際，「聞き取れない」「長い文や句になると覚えられない」という生徒はいませんか。また，単語の読み書きでも「長い単語は覚えられない」のように，文字数が増えると間違えることも多くなりがちです。

　その背景要因として，日本人学習者の多くが「英語の音声を日本語の音節感覚でとらえている」ということがありそうです。日本語の音節で英語をとらえるとどうなるかというと，単純に「（音や文字が）増える」のです。例えば英語の dog は1音節で /dog/ ですが，日本語では /do/（小さいツ）/gu/ のように3音節（モーラ）になります。これが文章になればどれほど記憶の負担になるかを考えると，英語耳を育てることはとても重要です。

背景要因1 フォニックスを知らない

集団への指導スキル

　たとえアルファベットの形はわかっても，つないで読むことができなければスキルとしては生かせません。フォニックスというと「難しそう」と思うかもしれませんが，そんなことはありません。かな文字と同じ原理で，「文字の音を知ること」から始め，「文字と文字をつなげる」ことで単語になるという練習を積むことで，誰でも読めるようになります。

point アルファベットの一斉テストで現状把握

　フォニックス指導の最初のステップは「アルファベットの一斉調査」です。テストはａからｚまでをランダムに１音ずつ発音してもらい，26音を書き取らせます。その結果を見て，知らない文字の音があれば授業の最初の１分か２分を使ってアルファベットの音をさっと復習します。フォニックスは，図に示すように１文字１音が定着してから２文字の単語の読みに進む，そしてマジックｅやダイグラフというように，段階的に進めると，確実に読む力が身につきます。市販の教材でも十分に活用できますが，急がず・慌てず・繰り返しを多くすることが大切です。

3文字以上の
単語が読める

2文字2音の
単語が読める

1文字1音が
わかる

個別の支援スキル

英語の音声を正しく識別する

英語には日本語にない音がたくさんあります。その中でも特に苦手なのが短母音の a, o, u でこれらは「ア」と聞こえます。そのため，「同じかな，違うかな」と，聞こえてくる音と自分の発音を比較しながら試行錯誤し，正しい音を自分なりに獲得する過程が必要になります。

ですが教室はざわざわと雑音も多く，実は生徒は自分の発している音にあまり意識を向けることがありません。それでは誤りが定着したままになります。そこでとても効果的なのが「受話器」のようなグッズです。自分の耳に当てて発音すると，はっきりと自分の声が聞こえます。これで「あっ，ちょっと違うな」と気づき，自己修正をしていきます。

発音指導や文字形習得は多感覚を使う

文字の音を聞かせるだけでなく動作も多感覚を使って示します。例えば舌の位置はどこにあるのか，どういうふうに動かすのか，息はどこからどれくらいの勢いで出すのか，というように，教師と一緒にやってみながら指導します。教師が発音指導に自信がない場合，YouTube にはわかりやすい動画がたくさんありますので検索して一緒に見ながら練習してもよいでしょう。また，どうしても覚えられない文字がある場合，文字形と関連づける際には，「Snakeの /s/ はヘビの形に似ている」などイメージを一緒につくるなど工夫できます。

集団への指導スキル

^{point}英語の音節に「気づく」活動

　音節とは，母音を中心としたまとまりです。日本語では，子音（C）の後ろに必ず母音（V）がつきますが，英語では stop, drink のように，子音が連続する音節がたくさんあります。それだけでなく，information のように複数の音節からなる単語も読み書きできなければなりません。音節の感覚に気づき，"長い単語"をどこで区切るかのポイントを身につけることで，「読める」「書ける」語を増やします。

　音節の音韻認識指導は「日本語と英語の違い」を比較するとわかりやすいでしょう。まず，生徒がよく知っているカタカナ語 chocolate が日本語ではいくつのリズム（拍）になるか数えさせます。次に，英語ではいくつになるか考えさせます。英語では chocolate は3音節になることを伝えます。不思議そうな顔をするはずです。

　次に「自分のアゴの下に，手の甲を当ててゆっくりと発音してごらん」と指示します。なんと，音節の数だけアゴが動くのです（ここは少し大げさに先生と一緒にやってみます）。種明かしは，「母音が1つで音節が1つ」なので「長く伸ばせる音」なのです。母音といっても，i や e はあまり口を開けないのでわかりにくいですが，他の単語でもどんどん試していきましょう。長い単語のスペルを覚える際も音節の単位で単語を区切る部分の目安になります。

個別の支援スキル

カタカナのルビは「英語っぽく」

これまで「聞き取れないから」とカタカナでルビを振ることがあったかもしれません。根本的な解決はフォニックスであり，英語の耳を育てる音韻認識指導です。

カタカナを振ることの大きなマイナス面としては，英語の音声をさらに日本語のように認識する癖がつき，ますますリスニングが聞き取りにくくなり，自分の発音がカタカナ英語（相手に通じない）になり，長い単語が読めない，単語は覚えられないなどがあげられます。カタカナは指導者にとって楽なのですが，この学習方法は長い目で見ても英語が読んだり書いたりできるようにはなりません。

ですがどうしてもカタカナで読みたいというのであれば，「聞こえたように，自分で考えてルビを振る」ことをお勧めします。例えば February はカタカナで「フェブラリー」と書くかもしれません。ですが実際に聞こえてくる音は全く日本語とは異なりますね。

そこで「どう聞こえるか」に焦点をあて，音声をとてもゆっくりと再生し，その子が聞こえたようにカタカナで表現させるとよいでしょう。さらに，そのカタカナを読んだときに英語らしく発音が再現できているかを確認しましょう。February を「フェブ，るゥーア，りィ」のように r をひらがなで示して l と区別するといった工夫もできます。大切なポイントは「日本語の音節で英語を発音しない」ことです。

（村上加代子）

❷ ノート等に写すことが難しい生徒 への対応ポイントは？

　ノートやプリントに書き写すことに困難を生じる生徒た
ちには，書き写す内容を構造的に理解していない場合に生
じる困難さと，文字認識等，読み書き自体に困難を生じて
いる場合とがあります。前者の場合は板書されている内容
を構造的に理解することによって解消される場合が多いで
すし，後者の場合には専門家の助言のもと，個別の配慮が
必要になります。前者は集団に対する指導によって適応さ
せることが可能ですし，後者は個別指導以外に方法がない
という言い方もできるかもしれません。

　特に，小学校時代に穴埋め式プリントが多かった状態か
ら，中学校，高校と進むに従って，大学ノートやまっさら
なレポート用紙に視写しなければならない機会が増えてい
きます。そうした生徒たちのストレスには，ノートの視写
に困難さを感じたことのない教師からは計り知れないもの
があります。ほんとうにノートを取る必要があるのか，あ
るとすれば指導内容の何が根幹で何が枝葉であるのかを判
断する必要など，教師にとっては，これまでのノート主義
授業観を転換したり，指導内容を細かくレベル分けしたり
といった必要さえ生まれかねない，大きな事象と言っても
過言ではないでしょう。

これだけは知っておこう

背景要因1 ☞ 構造的に理解していない

　あまり意識されませんが，ノートに書き写す内容（＝情報）にはレベルの違いがあります。大きな枠組みを示す内容はノートの一番上から書かれますし，それに含まれる内容はそれより低いところから書き始められます。情報には「含む－含まれる」の関係があるわけです。また，ノートに書き写す内容には，ナンバリングがなされることが少なくありません。1・2・3……，a・b・c……など，こうしたナンバリングが生徒たちの指導内容への構造的理解を助けています。

　ノートがぐちゃぐちゃ……という生徒たちは，こうした指導内容の構造的理解ができていないことを要因とするものが少なくありません。

背景要因2 ☞ 読み書きに困難を生じている

　読み書きに困難を生じている生徒たちには，さまざまなタイプがあります。「ああ，ディスレクシアだ」と簡単にひとまとめにして良いものではありません。「ディスレクシア」とはあくまで読み書きの困難に対する総称であって，視覚認知処理の困難さを要因としている生徒もいれば，文字の処理速度に困難を生じている生徒もいます。また，認知と作業の協応に弱さをもっている生徒もいます。

集団への指導スキル

ˢᵖᵒⁱⁿᵗ 「メタ的指導言」を多用する

例えば，ある内容の項目に三つあるという場合。Aはただ羅列するだけでなく，「動物」の中に「犬」「猿」「縞馬」が含まれるという関係を同時に示しています。ところ

A	B
動物	動物
犬	犬
猿	猿
縞馬	縞馬

がこれがBのように書かれると，四つがただ羅列することを意味します。こうした違いが理解できることがノートの整理のキモになります。

このためには，教師が「この場合，『動物』には『犬』『猿』『縞馬』の三種類がいて……」と言いながら，Aの板書をするところを，「『動物』は『犬』『猿』『縞馬』を含む。『犬』『猿』『縞馬』の三つは『動物』に含まれるわけですから，**少し下げて書きます**」というように，生徒がどう動けばいいのかまで伝えます。内容情報だけでなく，方法情報まで同時に伝えるわけです。

内容情報を伝える指導言だけでなく，方法情報を伝えたり，見通しをもたせたりする「メタ的指導言」が必要なのです。

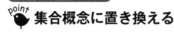

個別の支援スキル

point 集合概念に置き換える

項目整理型のノートは，基本的に集合概念でできている場合が多くみられます。左で例に挙げたものも，基本的に「集合」概念で説明できます。左で例示したＡは，下のＣ・Ｄと同じ意味です（犬・猿・縞馬のそれぞれがイラストや写真になっていればもっとわかりやすいでしょう）。

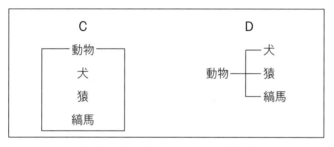

このＣやＤなら理解できるのに，Ａと結びついていないという生徒が，教室にはたくさんいます。個別支援でこれを結びつけてあげることが大切です。

point 順次制との違いを意識する

１，２，３……，①，②，③……など，番号を使うとそれをすべて「順位」だと理解する生徒がたくさんいます。順次制のあるものとないものとの違いを明確化する必要があります。

集団への指導スキル

point 必要な板書量を考え直す

　中学校・高校教師にはいまなお，圧倒的な板書量の多さで授業を進めている教師が多い現実があります。それは多くの場合，生徒たちのためというよりは，教師自身の達成感，つまり「教師が教えた気になる」ために行われることが多いように感じています。そして実は，そのことが支援を要する子のみならず，大多数の子たちをも苦しめたり誤解を与えたりしています。特に，多くの生徒たちに「板書を写してノートをとることが勉強である」と無意識的に思わせていることには多くの害があります。

　まずは自分が板書する情報のすべてが，生徒たちのノートにほんとうに残されるべき重要な要素なのか，それを精査することが必要です。

point 板書情報をレベル分けする

　重要度の違いを枠囲みで表したり，チョークの色分けによって重要度の違いを明確化したり（色覚に困難がある生徒がいる場合には注意が必要）するなど，必ずノートしなければならないものとできればノートしたほうがいいもの，それほど重要ではないが一応メモしておくもの等を，生徒たちにもわかるように提示する必要があります。難のある生徒には重要度の高いものだけをノートさせます。

個別の支援スキル

⚲ point 年度当初に重要な仕事と捉える

高校では，読み書きに困難のある生徒たちは，ただ単に「成績の悪い子」として放っておかれることが多いようです。しかし，現在，どの学級にも一定数いると考えてまず間違いありません。そうした生徒たちを年度当初にいかに見つけるか，それが年度当初の重要な仕事の一つだという意識をもつ必要があります。

どの学校にも年度当初のペーパーテストがあるはずです。採点をしていると，白紙答案の問題が圧倒的に多いという生徒がいます。また，最初の方の問題は回答しているのに，後半が白紙答案状態という生徒もいます。こうした生徒たちがいたら，すぐに面談をしなければなりません。年度当初は事務仕事も多く忙しい時期ですが，「落ち着いてからやろう」ではなく，優先順位の高い仕事として意識しましょう。

⚲ point 本人・保護者・専門家とつながる

前にも書きましたが，読み書きに困難のある生徒たちは個別に背景要因をもっています。生半可な知識や技術で対応できるものではありません。まずは本人の困り感，保護者の認識の双方をしっかりと把握することが必要です。そして本人・保護者の認識と要望をしっかりと捉えたうえで専門家への相談，という段取りになります。

（堀　　裕嗣）

❸ 説明を聞くだけでは理解しにくい 生徒への対応ポイントは？

　説明を聞くだけでは理解しにくい生徒は，具体的にはどんな状態でいるのでしょうか。例えば，

　「休み時間に学習の準備をして，やる気満々で先生の指示を聞こうと努力してきたけれども，小学校の中学年くらいから次第に，学習がわかった！という感じにならなくなった子」

　「やる気がないわけではないけれども，休み時間から授業への切り替えができにくく，いつも授業最初の大切な説明や指示を理解できないまま，授業が進んでしまう子」

　生徒像がいろいろあると思います。

　学習を成立させるための情報は，生徒の聴覚や視覚や触覚などの感覚器で受け取られますが，その感覚器の容量や受け取るスタイルは個々に違います。平均的に学習情報を困難なく受け取ることができる人が教職に就いていることが多いので，右図のような情報の受け取り方や処理の仕方に特徴がある生徒の学びにくさをしっかり想像して関わる必要があります。

＊言語的短期記憶は，言葉や数の音声情報を覚えておく力。

＊言語性ワーキングメモリは，音声情報を処理しながら保持する力。

これだけは知っておこう

背景要因1 ☞ **言語的短期記憶や言語性ワーキングメモリに弱さがあり，言葉や数の情報を覚えておくことができない**

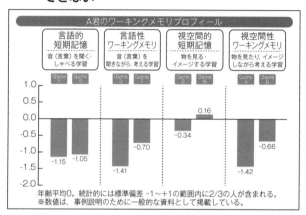

図1

背景要因2 ☞ **ワーキングメモリに弱さはないが，抑制やシフトの力が弱く，注意のコントロールがききにくい**

図2

集団への指導スキル

point 情報の整理・注意のコントロール

　授業はできるだけ，音声言語・位置空間情報・触覚・身体を使うなど，多感覚でつかめる学習にします。大事なことを伝えたいときは，言葉で伝えるだけではなく，黒板を「こんこん」と叩き，板書を始めます。高校生であっても，絵を使う説明や考え方の筋道がわかるワークシートの利用は全員に効果があります。

point 情報の最適化

　指示は一度にたくさん出すと聞き落としてしまうので，短い言葉で簡潔にします。「これから大事なことを３つ話します」と３本指を立ててから話します。繰り返して話す・抑揚をつけて話す・身を乗り出して話すなど，人が大事なことを伝えるときにするしぐさ（ソーシャル・キュー）をクラス全員で考える学習を学活などでするのも効果があります。

point 記憶のサポート

　学習の流れのパターン・板書の仕方・ノートの取り方などがいつも決まっているほうが生徒は安心できます。授業の最初に「結論」を板書し，それをノートに書かせてから授業を始める方法もあります。聞き落としがある生徒も授業の向かう先に困惑することがなくなり安心します。

個別の支援スキル

🐦 予習的補習

（言語的）短期記憶や（言語性）ワーキングメモリの弱さから，聞き落としたり，聞きながら考えることが苦手だったりする子どもには，あらかじめ授業プリントを教科担任から入手し，個別に支援者とともに肝の一問を攻略した後，みんなと一緒に授業を受ける「予習的補習」が有効な方法の一つです。

聞き落として途中で説明がわからなくなっても，事前に一問を理解しているため，学習の文脈を予測でき，焦らずに学習に取り組めます。

まず，注目させたい一問だけが見えるようにプリントを折り込みます。できるだけ，例えを使ってわかりやすく説明します（例：「方程式の解き方」では，まず＝を揃えます。右側は数字陣地で数字を集め，左側は文字陣地で文字を集めます。＝を越えて相手陣地に移動するとき，＋－の符号が変わります）。

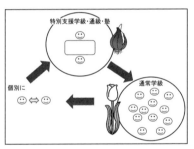

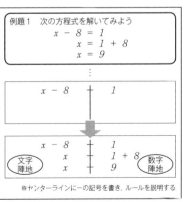

子どもの体験した活動の言葉，例えば，先ほどの例で使った「陣地」という言葉は，サッカー部などに所属する生徒にとってわかりやすく，ワーキングメモリに負荷がかかりません。「一問攻略」してから授業に臨むことで「わかる・できる」の自信がついて友達と学ぶので，友達に教えてあげることができるようになり，対等な関係が育まれる中で自尊感情のケアができます。

背景要因2　ワーキングメモリに弱さはないが，抑制やシフトの力が弱く，注意のコントロールがききにくい

集団への指導スキル

point　五感を使った注意喚起

　図2の「シフト（例：授業と休み時間に切り替えをする）」や「抑制（例：授業以外のことが気にならないようにする）」の力が弱い生徒は，一般に注意のコントロールが苦手な生徒と呼ばれます。以下に，授業に注目できる方法を紹介します。

・場面転換は，音声情報だけで伝えるのではなく，視覚情報や身体を使って授業への注意を喚起します。休み時間中に，授業で使う図や絵を黒板に貼る手伝いをお願いしたり，導入のゲームの相談をしたりすることもあります。

・座学で聞くだけの個別授業ではなく，ペア学習やグループ学習を取り入れることで，友達の力を借りて注意

がそれないようにして，単調にならないようにします。

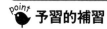

予習的補習

　ワーキングメモリに顕著な弱さがなく，注意のコントロールが苦手な ADHD や自閉症スペクトラムの生徒たちにも，背景要因1で紹介した「予習的補習」が有効です。授業の「一問攻略」に要する時間はせいぜい10分程度。興味が移りやすい生徒がなんとか頑張れる程度の時間，休み時間で対応できる支援方法です。「一問攻略」は，生徒の興味関心のある言葉を使います。時間の制約があるので，支援者は言葉を磨くことができます。また，生徒の興味関心のある言葉をどう引き出すか考えながら関わるようになるので，日頃からの関わりの質が変わってきます。例えば，数学の方程式を解くときに出てくる専門用語「右辺・左辺」を教えるときに，「右コート・左コート」などの長期記憶にある言葉を入り口にするだけで，注意のコントロールが苦手だといわれた生徒の特徴は反転します。一問解けるようになった後は，専門用語に置き換えても生徒はその問いの解き方を理解しているので，解くことができるようになっています。努力してもわからないので，勉強はもうやりたくないと学習を諦めた生徒も「わかる・できる」を味わうことができます。　　　　　　　　　　　　（西　　幸代）

【参考文献】
・湯澤正通・湯澤美紀『ワーキングメモリを生かす効果的な学習支援　学習困難な子どもの指導方法がわかる！』学研プラス，2017

❹課題を提出できない生徒への対応ポイントは？

　学び直しの国語の授業を担当したとき，漢字学習のプリントを書きなぐったような文字で書き，何度も注意して丁寧に書くように言っても一向に直らない生徒がいました。あまりしつこく注意すると，授業途中でついにイヤになり，書くのをやめてしまいます。その後，寝てしまうときもあれば，ぼぉーっとしているときもありました。当然，その時間にすべき課題を提出することはできません。しかし，その生徒も，漢字の書き取りでなく文章読解の時間には，こちらの質問にも割と答えるという取組を見せます。何度かの授業でのやりとりの中で，この生徒は，わざとなぐり書きをしているのではなく，漢字の書き取りがとても苦手で，複雑な漢字を正確に再現することができないのだと気づきました。

　学び直しを意識し，卒業後の進路まで考えて入学してくる生徒が多い中，勉強が苦手だったり授業を受けることに意味を見出せなかったりする生徒もいます。これまでの学習習慣が確立されていないため，課題に取り組むことや課題を出すことの自分にとっての価値が見つけられないまま，高等学校に入学してきたのだと思います。

これだけは知っておこう

背景要因1 ☞課題が能力に見合っていない

　高校は，小中学校よりも生徒の能力差が小さいように思われるかもしれませんが，実際は入学してくる生徒の学力差はかなりあります。どのレベルに合わせて授業展開をしていくかとても悩ましいところです。また，授業の中で，生徒は何より公平さを重んじるので，同じ授業でレベルを変えて課題を課すことは，生徒の不公平感につながるためかなり難しいのです。少しレベルを変えた課題を出すとしても，こちらが指定したら文句を言うだろうし，選ばせたら楽な方を取るでしょうから，結局，皆同じレベルの課題に取り組むことになります。

背景要因2 ☞締切までに課題を出す習慣がない

　不登校で，小中学校へほとんど通っていない生徒は，課題や提出物を，期限を守って出すという経験がほとんどありません。また，反抗的な態度を取ったり怠けたりして，これまで課題を出さずにきた生徒は，課題を出さなくても無事高校生になっているわけですから，その必要性も実感できません。面倒くさいし，課題なんて出さなくてもどうにかなるだろうという甘い考えもあります。そのような生徒は，家庭学習の習慣も身についていないことが多いため，まずは授業の中で取り組ませるしかないというのが現状です。

集団への指導スキル

point パフォーマンス課題とルーブリック評価

　単元によっては，パフォーマンス課題によるルーブリック評価も行っています。ルーブリック評価は，何についてどれくらいできたらよいのか，生徒に見通しをもたせられるため，とても有効です。教師の「できた」と，生徒の「できた」は必ずズレます。もう少し頑張らせようとして課題を受け取らないと，「なぜこれではダメなのか？」とトラブルになることもありました。取り組む前に，こちらが何について，どれくらいできたらどれくらい評価するのか伝えることで，勉強が苦手な生徒は逆に，ここまでやれば満点でなくても何点かはもらえると思って，それなりに仕上げることができます。意欲のある生徒は，よい評価を目指して頑張ることができます。

　短歌の鑑賞文の課題を出したとき，ある程度内容を押さえた後，とにかく自由な発想で書かせました。「自分の考えをわかりやすく説明することができた」を到達目標にして，わかりやすくルーブリックを示して書かせたら，生徒は皆よく書いて提出しました。能力差があっても対応できるような課題を工夫することは，とても大切だと思います。さらに，こういう課題では，次の時間によかった作品を紹介して褒め，さらにやる気をアップさせることもできます。

🐤 課題を提出させる目的

　課題提出の目的がすべて，学習意欲の有無の確認や学力の定着でなくてよいと思っています。とにかく自分でやって出すことが大切だというアプローチもあってよいと思います。中学校の課題なんか一回も出したことがないという生徒もいました。締切を守って出せたという行動を一つの成功体験につなげ，積み重ねていかせたいと思います。

個別の支援スキル

🐤 内容を問わない

　漢字の書き取りが極端に苦手な生徒の提出には，とにかく何かそれらしく文字を書いて出したら，評価点を与えていました。評価点は満点にはなりませんが，「これではダメ」と突き返したりしたら，二度と出さないことが予測されるからです。漢字を上手に書くことが，この課題提出の目的ではありません。もちろん，生徒全体に対しては丁寧に書いて覚えることを指導しますが，一定の時間を設けても，書ける量も違うし，これまでに覚えられていない漢字がこの時間に身につくものでもありません。この一定の時間に，生徒自身が怠けずに頑張ったと思える取組になればそれでよいと思い，各々のペースで取り組ませていました。

集団への指導スキル

point 課題提出の利点を伝える

　本来の課題という考え方とは異なってしまうのですが，単位を修得して卒業を目指す生徒には，課題を出すことの利点をとにかく伝えます。課題を出すという行動そのものが評価されることを伝えます。生徒は単位を取るとか落とすとかということにはとても敏感です。出席して課題に取り組み提出すれば，単位修得の評価点に達するということも，入学時からしっかり伝えておきます。

point 未提出状況をこちらから解消する

　単位修得のための欠課時数の上限について詳しく説明していることのマイナス面は，とにかく欠席が増えることです。数を数えて休むからです。1時間休めば，その1時間分の課題が提出できません。続けて休むと何時間分もの未提出課題が溜まっていきます。そんな生徒が授業に出てきたらすかさず，休んだときの授業プリント（課題）を渡します。あまりよいことではないのかもしれませんが，授業中に友達に見せてもらってでも仕上げるよう促します。今度いつ授業に来るかわからないからです。時にはこちらの手持ちプリントのコピーまで渡して，自分一人で取り組める状況もつくります。

　課題を出すこと以前に，毎日学校に来ることが難しい生徒もいます。仕方ないこととはいえ，ついには諦めて学校を去っていくのが，教師にとっては一番つらいことなので，

かなり過保護な状態で課題には取り組ませていました。

個別の支援スキル

🔴 提出できたらとにかく褒める

　教師は決められた課題を出すことなんて当たり前だと考えがちですが，そこは課題を出す習慣のない生徒相手です。少々提出が遅れようが提出してきたら，大げさなぐらい褒めます。「やればできるじゃないか！」と。もちろん，「次は，締切に間に合うようにしよう」との声かけもします。自己肯定感の低い生徒にとって，「やればできる」を実感すること，人から褒めてもらうことはとても大切な経験だと思います。

🔴 情報を共有してアプローチする

　いくら授業に出ていても課題の提出ができていなければ，成績が出ず，単位修得が危ぶまれます。普段からそうですが，特に定期考査ごとに成績の心配な生徒の状況を全体で詳しく共有します。授業担当者，担任，部活動の顧問など関わりのある教師で連携して，叱咤激励し，課題に取り組ませます。

　そして課題に限らずですが，教師みんなのきめ細かくねばり強い指導で救われる生徒は多いと思います。「課題を出さない生徒が悪い」と決めつけて，諦めてしまうことがないように，全体でしっかり情報を共有していくことは大切です。

（三牧　知子）

❺ 固まってしまい，動けない，話せない生徒への対応ポイントは？

　このような生徒への対応は，叱りつけても，ただただ待ち続けてもうまくはいきません。なぜそのようになっているのかをしっかりと要因分析し，適切な対応をすることが望まれます。様々な要因や背景が考えられますが，共通して言えることは，いつも，どんな場面でもそのようになっているわけではない可能性があるということです。不安や緊張が高まれば高まるほど，困難さは増しますので，その要因や背景を分析するときには，「場所」「人」「活動内容」の3つの観点からそれぞれの状況ごとに分析し，その時点で何ができていて，何に困っているのかを十分に把握することが必要となります。そしてそれらの状態を段階に分け，実態に合わせて支援の手立てを考えていくのがよいでしょう。これらの段階に従ってスモールステップで働きかけを行っていくことが重要となります。

（例）「場所」			
低		0	自宅
↑		1	保健室
不安・緊張		2	廊下
↓		3	運動場
高		4	自教室

これだけは知っておこう

背景要因1 ☞場面緘黙がある

　場面緘黙は，米国精神医学会（APA）が定めた「精神障害の診断と統計の手引き（DSM）」の2013年改訂版（DSM-5）の診断基準によれば，「他の状況で話しているにもかかわらず，特定の社会的状況において，話すことが一貫してできない」状態であると定義されています。社会的な場面によって不安や緊張が高まると，話したくても話せなくなったり（緘黙），身体が思うように動かなくなったりする（緘動）といった状態に陥ってしまいます。適切なスモールステップでの働きかけにより症状の改善が可能です。

背景要因2 ☞カタトニア症状が見られる

　カタトニアは，前述のDSM-5の診断基準によれば，「緊張病」とされており，何らかの精神疾患や自閉症スペクトラム障害等に伴って症状が現れる場合があります。話しかけられても反応が乏しくなったり，動きが緩慢になったり動作が止まったりする症状が現れたりすることがあります。専門医による治療としては，薬物療法や電気けいれん療法などの効果が報告されていますが，まだまだわからないこともあるようです。学校においてまずできることは，医療機関と連携し，過度な緊張を強いるような環境や働きかけを見直すことです。

集団への指導スキル

point 応答の仕方のバリエーションを認めよう

　場面緘黙の状態には個人差があり，応答の仕方における困り方も様々です。「うなずき」や「首振り」，「ジェスチャー」，「問いかけに対して『はい』か『いいえ』で答える」，「示された選択肢から選ぶ」など，問いかけに対して様々な応答の仕方があるということを集団に向けて事前に知らせておき，共通理解を図ります。

　「わかりません」や「もう少し時間をください」などの定型表現の使い方を紹介しておくことも有効です。集団に対して様々な答え方があるということを伝え，安心感を与えることが重要です。

point ユーモアあふれる楽しい雰囲気をつくろう

　授業中や集団場面では，ある程度の緊張感は必要かもしれませんが，過度の緊張感や不安感は場面緘黙の生徒にとっては，とても苦しい状況をつくり出します。授業計画や活動内容を検討する際は，生徒が興味関心のあることを実践内容に取り入れて動機づけを高め，楽しい雰囲気で参加できるように内容を工夫しましょう。生徒がリラックスして参加できるようにユーモアのある対応が望まれます。そのような環境の中で人間関係が形成されれば，少しずつ発話の機会が広がることが期待できます。このことは，場面緘黙の生徒の指導に限らず，多様な生徒への指導にも生かされるでしょう。

個別の支援スキル

🎣 少しずつコミュニケーションに慣らそう

　すぐに回答することを期待される，授業中に指名されて発表することを求められる，集団の前に出てスピーチをするよう言われるなど，他者からの注目や期待に押しつぶされそうになることがあります。したがって，冒頭でも述べたように，「場所」「人」「活動内容」という３つの観点で段階別に状況を確認し，その時点でできていることから少しずつハードルを上げ，慣れていってもらうことから始めましょう。まずは一番安心できる先生と発話のみにこだわらずにコミュニケーションを取ることから始め，仲の良い数人の友達が含まれている小グループから学級単位へと，段階を追って発話の機会に慣れていくことが必要です。その際，過度の注目を避け，発話のみにこだわらずに無理のないスモールステップで取り組んでいきましょう。

🎣 事前にいろいろな情報を伝えておこう

　予期せぬ突然の働きかけが苦手な人が多いようです。事前に授業や活動の流れと発問のタイミング等を伝えて確認しておきます。そのときにどのような方法でどのように答えるかを一緒に考えてリハーサルを行っておきます。これもスモールステップでの練習が必要です。始めは「選択肢」から選んで答えられる質問，次に「単語」だけで答えられる質問，「簡単な文章」で答える質問というふうに段階を追って発問のパターンを用意しておきましょう。

集団への指導スキル

point ゆったりとした余裕のある計画にしよう

　計画に余裕がなく，時間に追われるようなタイムスケジュールでは，どうしてもせかしてしまうことになります。急がせたり，慌てさせると緊張感が高まって，より身体が固まったり，こだわり行動が増えたりすることが予測されます。授業や活動を計画する際には，時間に余裕をもってゆったりと取り組めるように配慮するのがよいでしょう。生徒の反応を見ながら，困った様子が見られても，落ち着いて柔軟に，そして臨機応変な対応ができることが望ましいです。

point 見通しがもてるように視覚的に伝えよう

　授業や活動の流れと具体的な内容を文字や写真等であらかじめ伝えておくと，落ち着いて取り組むことができ，緊張を緩和することが期待できます。その際，特に生徒が困ることが予測される場面を書き出して，その際はどのような方法でどのような手助けが提供できるかを伝えておくと，より安心して参加できるでしょう。別の活動に移るときは，少し前に伝えるようにすることも有効です。

（例）「黒板に記載」
1．前回の復習
2．新しい単元
3．グループ活動
　（先生に相談可）
4．小テスト

個別の支援スキル

さりげない援助を心がけよう

　もし固まって動きが止まってしまったら，次の行動に移るためのちょっとした手がかりを提示しましょう。例えば，何かを書き写す作業に入るときなら，そっと筆記用具を差し出す，移動する際なら，移動先で必要となるもの（教科書やファイルなど）を手渡すなどです。その際，注意することは，急がせるような言葉がけは控えることです。あくまで，きっかけとなるものを示し，本人が自分で気づいて落ち着いて行動に移せるようにすることが重要です。

そっと見守ろう

　急がせるような言葉がけは，かえって緊張を強め，ひどいときにはパニックを誘発してしまいます。固まってしまったり，持ち物があるかなどの確認行動が繰り返されたり，筆記用具を揃えたりするこだわり行動が見られたりしたら，しばらくはそっと見守りましょう。本人が納得して，次の行動への準備が整うと動くことができるようになります。スムーズに動くことができたときには大いに褒めましょう。上記のような行動は，本人の身体的あるいは心理的な調子がよくないときに出やすくなるので，あくまでも事前の環境調整や働きかけに配慮がなされていることが重要となります。また，病院にかかっている場合は，十分に医療と連携を取りましょう。

（竹中　正彦）

❻ 自己表現が難しい生徒への対応ポイントは？

　Ａさんは自分の思い，考えを表現するのが苦手な生徒です。時折笑顔は見られますが，普段から口数は少ない方です。授業で「グループワーク」を行うと，黙り込んで意見を出してくれないし，進行や発表の役もしたがらないため，同じグループの生徒が困っているようです。時には他の生徒から「黙っていてズルい」「何か意見を言ってよ」という不満の声があがってくることもあります。

　一方，Ｂ君は全く逆で，「なんで今？」というタイミングで一方的にしゃべり出すため，周囲から「空気が読めないヤツ」と，思われてしまうようです。Ｂ君なりの考え，伝えたいことがあるのですが，空回りしていて，あからさまに嫌っている生徒もいるようです。

　進学，就職するにしても，コミュニケーション力はとても重要です。この先も同様のことがあると周囲の人とうまくやっていけないのではないかと心配になるため，卒業までに少しでも自己表現が上手にできるようになってほしいのですが，個別にじっくりと話をしようとしても，説教をされていると感じるのか，うつむいたままだったり，話をそらそうとしたりとなかなか受け入れてはくれません。

これだけは知っておこう

背景要因1 ☞吃音

吃音症（どもり）とは，話し言葉のリズムに連発（ぼ，ぼ，ぼ，ぼくは），伸発（ぼーーーくは），難発（……ぼくは）といった様子が見られ，流暢に話ができないことをいいます（『特別支援教育すきまスキル　小学校上学年・中学校編』より）。高校生になると，これまでに周囲の人にわかってもらえなかったり，笑われたりするなど数々の失敗経験から，できるだけ目立たないように，しゃべらなくても済むようにと，自分なりの工夫をしながら周囲と折り合いをつけています。中には症状を上手に隠していることで，周囲の人に気づかれない生徒もいます。

ことばがつまったときなどに「大丈夫」「リラックスして」などの声かけは，かえって「わかってもらえない」と感じさせてしまうこともあります。

背景要因2 ☞コミュニケーションの問題

コミュニケーションとは「話し手」「聞き手」が役割を交替しながらイメージを共有し合う行為です。苦手な人は，「後になって『そういうことだったのか』『ああ言えばよかった』ということに気づくという時差が生じる」ということもよく起きます。ASD はこの社会的コミュニケーション不調が主症状ですが，ADHD の特性がある場合にも「待てない」「思ったことをすぐ口に出してしまう」などによって，コミュニケーションの問題が生じやすいです。

集団への指導スキル

吃音指導について知ろう

高校生だと，あからさまに吃音の症状をからかうような生徒は少ないかもしれませんが，それまでに同様の症状をもつ人と出会ったことがないと，違和感をもったり戸惑ったりするかもしれません。

吃音症をもつ人が登場する文学，映画などを紹介して感想を語り合う機会があると理解が深まります。近年では『志乃ちゃんは自分の名前が言えない』『英国王のスピーチ』などがよく知られています。

一人一人の思いを受け止めよう

支援の必要な生徒がいると，「その人が困っていることを理解しよう」「みんなで助けてあげよう」とよく言われます。それはとても大事なことですが，周囲の生徒からすると「なんであいつだけ……」「あいつはいいよな」という思いを抑え込んでしまうことになりかねません。

それぞれの違いを認めた上で，「このままではいけない」「なんとかしたい」と一致するところから"合意点"を見つけていくことが本来の民主主義のはずです。誰か一人が「主人公」であとは「脇役」ということではなく，一人一人が「認めてもらっている」と感じられるからこそ，他者のことを認められるのだと思います。そんな集団であれば，思いを伝えることが苦手な生徒も自分なりの伝え方がわかってきます。

個別の支援スキル

🎯 制度・支援を活用しよう

　近年，吃音症も発達障害として障害者雇用の対象となり，精神障害者保健福祉手帳も取得できるようになりました。面接や入試の際にも配慮をお願いできるようになっています。その際，意見書を書く医師が，診察場面では普段の様子がわからないため，学校での姿を記録したものを持参してもらうようにすると役に立つことがあります。そのためにも，日々の様子を観察したり，他の教員からも聞き取りをしたり，本人の思いも確認していくことが必要です（参考：菊池良和『吃音の合理的配慮』学苑社，2019）。

🎯 自分自身を認めてくれる存在

　吃音症の生徒は，これまでにわかってもらえなかったという経験を積み重ねていることが多く，「この人は自分のことをわかってくれるだろうか」と，相手のことをよく見ています。話し方だけに注目するのではなく，思いや考えをくみ取ってあげようとすることが大切です。また，その生徒の長所を見つけ，その気づきを伝えることが重要です。

　自分を認めてくれる，どうしたらよいか一緒に考えてくれる人がいるということは，本人にとっては励みになります。「吃音症があってもできることがある」「どんな条件で，どこからどこまでできる－できないのか」「どんな配慮があったら助かるか」を理解していくことが，生活していく力になっていきます。

背景要因2 コミュニケーションの問題

集団への指導スキル

　コミュニケーションが苦手な人は，「いつ」「誰に」「何を」「どんな表現で」「どれくらい」「いつまで」話したらよいか，加減やタイミングがわからずに困っています。つまり，これがわかったら話せることがあります。

👆point 話す順番，内容などを視覚化して共有する

　グループ討議では，グループごとに進行表を置き，その順番に話し合っていくルールを意識してもらうとよいでしょう。意見の例文なども示してあるとわかりやすいです。また，付箋を用意し，それぞれが議題について自分の意見を書き，それを集めてグループ内で確認し合うという方法もあります。

　苦手な子が進行や発表役をやりたがらないことで，他の生徒から苦情が出ることもあります。それぞれの役割の内容も示して「書く役（書記）の方がマシ」「進行表に沿って意見を確認する役ならできる」など，各自が思えるようにしておくことも大切です。

　「なんであの人ばっかり……」という生徒の意見も大事です。「私のことも認めてほしい」という思いを素直に表してくれているので，「そんなことを言わずに……」というより「そうだね。きみは頑張っているな」と伝えてください。自分が他者に認めてもらっているという実感がないと，

長　所	短　所

他者のことは受け入れにくいです。

　必要な場合にはそれぞれの長所・短所を書き出して，話し合ってみてもよいでしょう。

（個別の支援スキル）

　「伝えたい」「わかってほしい」という思いは必ずあります。でも，それ以上に「伝わらなかった」「失敗した」という経験が勝っていて，自信がもてなかったり，「どうせできない」と開き直っていたりします。そんな生徒に「大丈夫」といった根拠のない励ましは響きません。

point 話す順番，内容の確認

```
・いつ　　　・どこで　　　・誰と　　　・何を
・どんな言い方（セリフ）　　　・いつまで
＊振り返り（できたこと，できなかったこと）
　次はどうしたらよいか，修正案を考える
```

　事前に話す内容やタイミングなどを確認しておくと話しやすいです。「こんな方法もあるよ」という提案をしてみましょう。ただ，「でも……」「無理」と言ってすぐには応じてくれません。コミュニケーションが苦手な人は時差があるのです。「なんとかしたい」という思いが勝ると，「やってもいいかな」と思ってくれます。提案して待つ必要があります。

（永井　智樹）

❼ 入退院を繰り返すなど，学習の積み重ねが難しい生徒への対応ポイントは？

　A君は，普段，地元の県立高校に通う2年生です。この度，病気の治療のため約2か月半の入院を余儀なくされました。同じ病室に入院中の子どもは，皆揃って院内学級へ登校しています。しかしA君は，高校生のため通えず，病室で一人過ごすことがほとんど。ボランティアの人や病院のスタッフの人と話はしますが，勉強はほとんど手につかない状態です。担任の先生も，A君のような生徒を担当するのは初めてで，保護者とはやりとりしますが，忙しい中，学校から遠方にある病院へ頻繁にお見舞いに来ることは難しい状況です。仲の良い友達はメールや電話で連絡をくれたり，時々，課題や授業ノートを届けてくれました。しかし，それを見ても習っていないため，よくわかりません。

　「何時間勉強しても，出席の単位にならないし。小学生や中学生は院内学級に通えていいよなぁ。俺なんて，入院中行くところもないし，歩けるし勉強もできるのに，毎日すること何もないし。出席もギリギリで，このまま留年なら，何のためにこんなつらい治療をする意味があるのか」

　感染症の対策や体力も落ちていることから，退院後すぐの学校復帰も主治医からは許されていません。退院後の生活については，目途が立ってから説明されると言われていて，A君も保護者も担任の先生も見通しが立っていません。

これだけは知っておこう

背景要因1 ☞ 入院や療養による学習空白と意欲低下

　小児がんや心臓疾患などで長期にわたる入院や，継続的な治療が必要で入退院を繰り返す高校生は，文部科学省の調査によると全国で約1100人を超えます。そのような慢性疾患の高校生の多くは，体力面や感染症対策などの配慮が必要な場合がありますが，理解が浸透していません。

　入院や療養による一時的な不登校状態など，長期欠席が続く場合もあります。彼らには学習空白が存在しており，系統立てて学ぶ機会が失われていること，幼少期から疾患を抱えている場合には，生活の制限などで他の同世代に比べての経験や体験が不足している者もいます。

背景要因2 ☞ 公的な教育サポートの不足

　入院中の子どもが通う学校，いわゆる「院内学級」は，高等部の設置が困難であり，病院に隣接している特別支援学校の病弱部に一時的に転籍して「院内学級」へ通えたとしても，再度の転籍で地元の学校へ戻れないケースもあります。そのため，高校生年代で入退院を繰り返す生徒への教育支援は，喫緊の課題となっています。特にA君のように，出席日数が足りないことで，休学や退学になるケースも多くあります。意欲があり，学習が可能な状態にありながら，入院中や自宅療養中に，継続的に教育を受けられる環境が整えられていないというのが現状です。

　慢性疾患などにかかると，入退院を繰り返したり，欠席がちになったりと，長期にわたる不登校状態を経験するため，学習に空白ができてしまいます。

　入院中や自宅療養中の学習や意欲を支えるためには「つながり」の継続が必要になってきます。入院していても療養していても「復帰して戻りたい」という復学への気持ちを支えることが大事です。

集団への指導スキル

☞ 友人も巻き込んだ入院中の定期的なやりとり

　A君のように入院することが長期的になるとわかる場合には，授業の内容をまとめたワークシートやノート，解答も併せてメールでその都度送るなどして，進捗を定期的に知らせるようにします。お見舞いなどで直接の指導が難しい場合には，仲の良い友達に頼んでみることもよいでしょう。ただし，小児病棟に入院中の場合には18歳未満は入室できないなどの制限があるため，入院中の医療機関に問い合わせる必要があります。

個別の支援スキル

☞ 未習の学習内容と理解度の確認（実態把握）

　入退院を繰り返したり自宅療養をしたりする生徒の中には，A君のように一定の期間の入院による欠席や，定期的な通院によって特定の科目だけ授業に参加できていないなどの問題があります。今回の入院がいつから始まったか，どのタイミングで学校復帰してきたかをチェックすること

で，学習の空白部分を見つけ出すことができます。「教科書はどこまでやったか覚えてる？」「この問題は解き方教えてもらったかな？」など，細かく見ていくことで判断することもできるでしょう。断続的な学習空白が見られる場合には，必要な項目を示した確認票のようなものを作成し，それを工夫して使いながら対応することもできます。その生徒独自の積み重ねリストなどを作成し，入退院時に確認していくことで対応がしやすくなるでしょう。後述の「遠隔授業」を行う際にも，参加した授業時数が把握できるとよいです。

〔例〕・「教科書はどこまで学習しましたか？（授業で学習しましたか？）」

・「最後に授業を受けたのはいつですか？」

・生徒が取っているノートの確認

取っているノートの状況から，生徒がどこまで授業に参加していたか，学習が理解できているかどうかの実態を把握することもできます。

^{point} 体力面に配慮した学習内容の精査

治療の影響で体力が低下している生徒は，長時間の学習が困難な場合があります。そのため，学習空白を埋める個別指導をするときや，個別教材を作成する際には，限られた時間の中でできるものにしましょう。多くを詰め込まず，先ずは最低限の基礎的な内容を補うために，応用などを省くという選択を行うことも重要です。

背景要因2 公的な教育サポートの不足

　高校の院内学級の設置の困難さや，出席単位の問題などから，入退院を繰り返す生徒は休学や退学を余儀なくされるケースがあります。そのため，高校生年代の生徒への教育サポートは大きな課題となっています。支援においては，彼らの「同じクラス（学年）の友達と一緒にすごしたい」「一緒に学びたい，卒業したい」といった思いを支え，応えていく必要があります。それを踏まえ，友人や先生たち，社会との接点など「つながりの継続」ができる環境をつくっていくことが，重い病にも打ち勝つ治療意欲にもつながっていくことがわかっています。

集団への指導スキル

point 状況に応じた教室配置

　病気による長期療養を経て学校復帰した生徒は体力が減退している場合が多くあります。そういったケースの場合には移動教室を少なくする，階段の昇降を減らす教室配置などの配慮があると，限られた体力の中でも，長時間学校生活をおくることができるようになります。車いすでの移動が必要な場合も同様の環境整備を行うとよいでしょう。

point 関係者の把握と連携

　入退院を繰り返す慢性疾患などをもつ生徒は，入院や通院で頻繁に医療機関を受診します。入院中の状況や退院後の状況を把握するためにも，受診する医療機関の主治医や担当の看護師，ソーシャルワーカーなどと連絡が取れる状態にあると，学校生活での配慮する部分も詳細にわかりま

す。医療機関によっては，退院前に「復学調整会議」（この名称は様々）といったカンファレンスが開催されることもあります。本人，保護者，医師や看護師など，生徒に関わっているスタッフたちが参加し行われる会議では，退院後の学校生活を含む日常生活での配慮事項，病状の説明，入院中の状況などが話し合われます。会議が開催される際には，担任の先生や養護教諭，管理職の先生などもできれば参加するようにしましょう。情報の共有はもちろん，関係者が顔のわかる関係でつながることで復学がスムーズに行われるほか，本人や保護者も安心感を得ることができます。

個別の支援スキル

所属クラスと病院や自宅等を結ぶ「遠隔授業」

　2015年4月から文部科学省は，高等学校段階における遠隔授業（インターネットを利用した同時双方向型による授業）を対面により行う授業と同等の教育を有すると認め，ある一定の要件を満たすと出席単位として認められるようになりました。長期療養中の高校生の教育サポートのため，現在，様々な自治体で遠隔授業の推進や取組が始まってきています。制度については以下の資料等を参考にしたり，各都道府県や遠隔授業を実践している学校等に問い合わせてみてください。　　　　　　　　　　　　　　（三好　祐也）

【参考資料】

・「高等学校等におけるメディアを利用して行う授業に係る留意事項について（通知）」元文科初第1114号（2019年11月26日）

❽協同的な学習，グループ活動を嫌がる生徒への支援ポイントは？

　年度当初，協同的な学習やグループ活動を嫌がる生徒は決して少なくありません。少なく見積もっても，各学級に10人程度はいると見て間違いないでしょう。多くが自分が悪目立ちしないようにと教師の指示に従い，全体の流れに合わせているだけです。

　しかし，年度当初にそうだったとしても，多くの授業ではその後，そうした生徒たちも協同的な学習に慣れていき，苦にしなくなっていきます。しかし，一部の授業では，年度当初の状態がいつまでも続き，協同的な学習に取り組む度にそれらの生徒たちの表情が曇るという場合があります。

　前者と後者の違いは，協同的な学習やグループ活動の頻度の高さの違いによります。毎時間のように協同的な学習に取り組んでいる授業では，生徒たちも「この教科の授業はそういうものなのだ」と思うようになります。しかし，授業のほとんどが講義形式であるにもかかわらず，年に数回程度の協同的学習に取り組ませようという場合には，生徒としても「いつもの方がいいな……」となります。講義形式の授業形態はおとなしくしていさえすれば，多数の中に埋もれていられるのに対し，協同的な学習やグループ活動では「個」の動きが顕在化するからです。

これだけは知っておこう

背景要因1 ☞講義形式がルーティンと意識されている

　日常的には特に問題がないのに，行事への参加に難がある。通常の授業では特に問題がないのに，作業や実験の授業になるとうまく対応できない。こうした生徒はよく見られます。「協同的な学習」や「グループ活動」を嫌がる生徒にも同じ構造があります。それは，「協同的な学習」が日常となっていない，行事や作業・実験のように「特別なもの」として意識されているからです。

　「協同的な学習」はできれば毎時間，頻度高く行われてこそ大きな効果を発揮する学習形態です。これらの学習形態を嫌がる生徒たちにとっても同じです。まずは「協同的な学習」や「グループ活動」を授業の基軸とし，その学習形態をルーティンとしてしまう必要があります。それがルーティンとなれば，多くの生徒たちは対応することができるのです。

背景要因2 ☞協同学習への参加自体に困難がある

　特別な事情があって他者との関わりを苦手としていたり，その日の体調や精神状態によって「協同的な学習」への参加が困難であるという生徒がいます。そうした場合は無理に参加させようとせず，生徒本人の体調・精神状態に添うようにしたいものです。

集団への指導スキル

続ける覚悟をもつ

　特別に「支援を要する生徒」と意識されていない生徒でも，協同的な学習への参加に抵抗を感じる生徒はたくさんいるものです。そうした生徒たちに対しては，一般に，教師が無理強いして「参加させる」のではなく，取り合えず「様子を見る」という手立てが取られることが多いです。要するに「放っておく」のです。たいていの場合，「協同的な学習」が3〜5時間程度続いた頃には，小集団の議論や交流に参加する姿が見られるようになります。

　鍵は協同的な学習形態を「続ける」というところにあります。教師は数人の参加に難のある生徒を見かけると，「この学習形態はこのクラスには馴染まないのではないか」「もう少し生徒たちが育ってからでないと，この学習形態の導入には無理があるのではないか」と考えがちです。その結果，「もう少し様子を見てから導入しよう」と協同的な学習形態をやめてしまいます。

　しかし，いかなる教育方法も，1時間や2時間で目の覚めるような効果が出るというようなものではありません。それは「続けること」によって，「次第に効果が出ていくこと」を旨として組織されている。むしろ，教師が「何があっても続ける」という覚悟をもっていないことが，嫌がる生徒を嫌がるままにしているのです。

個別の支援スキル

🐟 第一次自己決定を大切にする

中高の協同的な学習を見ていると，課題が与えられた後にいきなり交流活動に入る実践が多いです。しかし，それでは成績上位の生徒や話し好きの生徒が交流活動をリードしてしまい，協同的学習に抵抗を抱いている生徒たちにとっては尚更ハードルが高くなります。しかし，課題が提示されたら，まず個別に考える時間が必要です。まず，自分の考え（第一次自己決定）をもつことが何より大切なのです。これは実は，「話すべきことをもつ」ことにもつながります。

🐟 リストアップから始める

交流活動はまず，全員がどのような意見・見解をもっているのかをすべて出すところから始まります。グループ全員の意見をまずはリストアップするわけです。これがないと，やはり声の大きい者が交流活動を制することになりやすいです。協同的な学習に抵抗を感じている生徒は口をつぐみます。

🐟 交流・議論を見える化する

協同的な学習では小集団の間に模造紙やホワイトボード等を置き，議論・交流の流れが見えるようにすることが肝要です。協同的学習に抵抗をもつ生徒も，自分の名が記され，自分の意見が全体のどこに位置づけられるかを知ることで参加度も高まっていきます。

集団への指導スキル

🍃 交流を生徒たちに任せる

　一般に，教師は「教えたがり」「関わりたがり」であることが多いです。しかし，協同的な学習は生徒同士の関わりを旨とする学習形態です。参加に抵抗を示す生徒への関わりも，できるだけ生徒たちに任せるべきでしょう。教師にも我慢が必要となります。

　協同的な学習の小集団交流に慣れている生徒たちは，「〇〇くんはどう思う？」「〇〇さんもなんか質問ない？」などと，発言機会の少ない生徒に参加させようとの動きを示すものです。これは教師が声をかけたり，教師がルールとして発言の順番を決めるという手立てを取ったりするよりも，格段に効果が高いです。採用した学習形態を嫌がり，抵抗を抱く生徒だとしても，その学習形態の本質を壊してしまうような動きは，教師とて極力避けるべきです。

　間に模造紙やホワイトボード等の緩衝物があれば，たとえ声に出して発言しなかったとしても，指をさして「この意見に賛成である」という立場を表明したり，新たに意見を書き加えたりということもできます。要は，さまざまな環境を整備して，生徒たち一人ひとりにさまざまな選択肢を与えることが大切なのです。

　背景要因1でも述べましたが，こうした活動を「続けること」で多くの生徒も学習に参加し始め，教師にとっても生徒たちの交流に対する観察眼が鍛えられます。

個別の支援スキル

🗨️point 個別対応の見通しをもたせる

　ある生徒が協同的な学習に参加できない。

　或いは参加できるときと参加できないときがあります。

　先にも述べましたが，こうした場合，教師は「この学習形態はこの学級には合わないのではないか」と，取り組みをやめてしまう場合があります。しかし，それが一斉授業や講義形式に戻ることを意味するのだとすれば，そうした場合でも協同的学習は続けられるべきです。

　一斉授業や講義形式で最も忙しいのは誰でしょうか。言うまでもなく，それは教師です。一斉授業や講義形式でも学習に参加しない生徒，参加できない生徒はいます。しかし，教師がそうした生徒に関わってしまうと授業がストップしてしまいます。それを避けるために，それらの生徒たちは放って置かれます。実はそれが，一斉授業や講義形式の構造なのです。

　しかし，協同的な学習であれば，多くの場合，生徒たちの交流・議論の時間には教師の手が空きます。それは実は，参加できない生徒，抵抗を示す生徒と関われる時間を教師が手にすることをも意味しているのです。例えば，このままだとパニックを起こしかねないという生徒がいたとします。しかし，5分後に小集団交流が始まり，自分の手が空くことがわかっていれば，教師は「ちょっと待っててね。5分後に話聞くから」と，生徒にとっても個別対応してもらえるとの見通しをもつことができます。　（堀　　裕嗣）

発達障害者支援センター

▶発達障害者支援センターとは？

　皆さま，発達障害者支援センター（以下，支援センター）という，発達障害に特化した相談窓口が各都道府県及び指定都市にあることをご存知でしょうか？　発達障害のある人とそのご家族，そしてその周りの人たちが，共に生活しやすくなる地域をつくるための支援機関です。地域のニーズに合わせた支援を提供しているため，各支援センターで支援内容の詳細は異なります。

▶支援の対象は？

　支援の対象としては，ご本人やご家族だけでなく，学校の先生など支援者の方も含まれます。また，発達障害の診断がなく，「ちょっと気になる」という疑いの段階からもご相談できます。支援センターが受ける相談の対象年齢は，各地域によって異なります。

▶どのような支援をしてもらえるの？

　ご本人，ご家族，支援者のどなたからのご相談かにもよりますし，ご相談内容によっても変わってきます。

　相談者の方に支援センターにご来談いただき面接をすることもあれば，支援センター職員が学校等に出向いて研修会の講師をしたり，ケース検討会に参加したりするなど，支援の形は様々です。

　相談内容によっては，地域にあるより適切な支援機関を紹介したり，その機関にうまくつながるようにコーディネ

ートしたりすることもあります。

→皆さまの地域の支援センターでどのような支援を受けられるか気になられましたら，まずはお問い合わせください。

▶困ったな…と思ったら！

地域の支援センターに
お電話ください

　困ったことがあればお電話を！というのは，よく聞かれると思いますが，どれぐらい困ったときに支援センターを含む外部機関に連絡したらよいと思われますか？

　多くの場合，「今学期で出席日数がもう足りなくなる！」「トラブル続きで次にまた何かあったら退学！」のように，「校内だけではもう手に負えない」状態になると，「外部機関に相談しよう」という空気が流れ始めるかと思います。しかし，そのタイミングで外部機関が入ったとしても，最悪の結果は防げるかもしれませんが，その生徒がハッピーに高校生活を送ることは非常に難しいと考えられます。

　「何かしら生徒に働きかけているがどうもうまくいかない」という頃や，それより前の「全体への指導ではうまくいっていないな？　どうしたらよいかな？」と思い始めた頃に相談されると，生徒と先生がハッピーな高校生活を送るための支援を一緒に考えてもらえると思います。一人一人の生徒を様々な視点から理解し，様々な関わりのアイディアを得るためにも，先生皆さまお一人で抱え込まず，校内，そして外部機関とも連携してみてください。

▶卒業後に向けて大切なこと

　地域に様々な発達障害支援機関が増えてきていることから，支援センターを訪れる相談者は全国的に，19歳以上の成人が半数以上を占めています。義務教育期間は周囲のサポートもありなんとか過ごせていても，高校生から大学生，社会人になるにつれて主体性を求められるため，本人が感じる困難さが増していきます。そして，大学生や社会人になれば，必要な支援も，与えられるのではなく，本人が自ら周囲に相談し，求めていかなければならない機会が増えてきます。

　卒業後に少しでも本人が困らないためには，高校生活中に，自分はどんなことができて，どんなことが苦手であり，苦手なことにはどんな工夫や支援があればうまくできるのか，学校生活を通して見つけておけるとよいでしょう。そのためには，「提出物はいつから取り組めば間に合うか？」「わからないことはいつ，誰に尋ねるとよいのか？」「出席日数について把握するにはどうしたらよいのか？」等，高校生活の中で必要なことを，先生と一緒に相談しながら取り組み，成功体験を積んでおくことが大切です。

　大人になる前のステップとして，生徒一人一人がいかに高校生活を過ごすことができるか。支援センターは，成人期を見通しながら，皆さまと一緒に，今できることを考えていきます。

（森　　千夏）

第 **5** 章

連携・接続

❶ 学校全体で特別支援教育を進めていくための推進ポイントは？

　近年，高等学校の教員免許状の取得にあたり，特別支援教育を学ぶのは「当然」で，現場でも生徒指導上の困難さの背景にある，いわゆる「発達障害」等の「特性」についても，以前に比べれば理解も進み，特別支援教育的な視点での対応を行える教員が「普通」になったと思います。

　そのため，その学校において身につけさせたい資質・能力が何かを意識した学級活動や授業展開が求められる中で，特別支援教育的な視点を含めたわかりやすい教育活動，生徒の主体性を支援する授業づくり等を目標とした動きの一つとして校内でも「公開授業」が企画されますね。

　主体的・対話的で深い学びを念頭に，ペア学習やグループ学習を取り入れた課題解決型の公開授業を見ることも確かに多くなりましたが，一方で，「公開授業」に対する抵抗感を耳にすることもしばしばあります。なぜでしょう？

　公開授業は授業力向上には有効な研修です。ところが，抵抗感がある。これは実施自体が目的化し，授業を通じてどの観点で成果を上げたいのかという目的が曖昧になっているからではないでしょうか？　例えば，授業後は指導案どおりの展開かチェックを行う「反省会」になり，そのせいで参加率の低下や公開の躊躇につながっていませんか？

これだけは知っておこう

背景要因1 ☞公開授業の自己目的化

　耳が痛くても，授業力向上のために授業経営について様々な助言は重要です。でも，協議を通じて全教員で共有したいものは，魅力的な授業の流れのつくり方はもちろん，「支援」を必要とする生徒への教員の声のかけ方やそれに対する生徒自身の反応，そして教室環境の在り方なのです。

　教科の専門性や独立性が強い高校の場合，特に他の教科に対して言いにくい面があるのも本音かもしれませんが，そんなことで「生徒の情報共有」の機会を失うのであれば，生徒の多面的な理解による授業力向上は果たせません。

背景要因2 ☞「情報量＝教員のやる気」の思い込み

　各教室を覗くと，そのクラス担任の「思い」がよく見えます。教室前面に，生徒のやる気の喚起のためにクラス目標を掲示したり，時間割等の掲示物も色鮮やかで華やかな雰囲気を醸し出したりしているケースもあります。

　ただ，学校によっては少人数授業や課題別の分散授業によって移動教室となることも多く，自分のホームルーム教室ではなく，それ以外での授業の方が多い場合もあります。つまり，生徒にとって全教室がホームルーム教室です。

　ところが，支援の必要な生徒には各教室が同じ「環境」ではないため，情報や刺激の多さにかえって落ち着かず，ユニバーサルデザイン的には「邪魔」な場合もあります。

集団への指導スキル

🔔 公開授業の役割・効果を見直そう！

　公開授業は，生徒の資質・能力育成のための授業力のスキルアップの観点から，「メタ認知」につながる重要なものです。しかし，特別支援的教育な視点から，「別の授業ではどんな様子か？」「授業者はどのように寄り添っていたか？」「他の参観者たちはどう受け止めたのか？」などと，普段気になる生徒の観察を主体に授業参観することもあります。生徒の「特性」の情報共有は，さらに深い生徒理解や対応につながります。生徒の様子を題材にする協議なら，授業参観も研究協議も垣根が低いのではありませんか？

🔔 公開授業をきっかけにどう情報共有できるか

　「特性」をもった生徒が主体的に学びに向き合うためには，教員間のスピーディーな「情報共有」は重要なファクターです。専門学科やクラス担任が抱え込んだのでは学校としての適切な生徒理解や対応につながりません。殊に学科の専門性が強い高校は，ここに落とし穴が生まれます。まず，公開授業を通じて気になる生徒の授業での様子を共有できたら，「個別支援計画」はさておき，次に，校内ネットワーク上にパスワードをかけて「気づき」を記録していけば，生徒の特性の傾向も理解しやすいでしょうし，非常勤の先生にもタイムリーな情報共有が可能です。それをもとに，必要なときにケース会議をもつことも可能です。

個別の支援スキル

🐟 「個」への声かけにするための工夫

　「みなさん，……の意味を考えて，周囲の人と話し合ってください」と全体に指示を出しても，支援の必要な生徒には「みなさん」の中に「自分」が含まれていると瞬間に思えない場合があります。その場合，全体指示の後で，「○○さん，……の意味がわかったら，周囲の人と情報交換してよ」と，名前を呼びながら注意を喚起し，指示内容を確認させれば，本人もこれから何をすればよいのかわからず置いてけぼりになることもないし，周囲の生徒も改めて確認ができます。それにより全体が作業にスムーズに取りかかれます。公開授業ではそういうさりげない個人と集団へのアシストの様子を学べるかもしれません。

🐟 公正な個別対応につなげるための情報収集

　公開授業を見て「スムーズな展開だなぁ」と感心することもよくありますが，その一方で，「生徒集団や個の生徒への寄り添い方がうまいなぁ」と感じることもあります。

　アクティブ・ラーニングが叫ばれる昨今，殊に，話し合いに加わりにくい様子の生徒にも机間指導をしながら，助言したり寄り添おうとしたりしたとき，当該生徒の，他の教科・科目の授業での実際の様子を把握しておくことは大きな助けになります。大人数による「インクルーシブ」の形での授業では，個別対応についての配慮は一定以上は難しいかもしれませんが，対応の「質」は大きく向上するはずです。

集団への指導スキル

point 学校全体で掲示スペースのルールを見直す

　学校によっては前面の黒板の両脇にさらにコルクボードや補助黒板が設置されています。掲示スペースがあればついそこに生徒への「情報」を掲示します。教員の「やる気」が生徒への「情報提供の分量」に比例すると思い込んでしまうと，支援の必要な生徒にとっては「情報の洪水」状態で，本当に必要な情報を選べないという「逆効果」を生むかもしれません。

　掲示スペースについては，掲示の目的と場所を対効果の面から学校全体で一度再検討してみませんか？　掲示板にも「伝わる」ための効果の点から，今まで以上に細かな配慮が必要であることに気づけるのではないでしょうか？

point 板書や配付プリントも掲示板と発想は同じ

　前面の黒板に掲示してある日付や週番・日直名，時間割変更は，生徒にとってその授業に直接必要な情報ですか？　情報が生徒たちにいつ必要かも，リストラの観点です。

　また，板書に用いるチョークの色はどんな基準で使い分けるか校内に統一ルールはありますか？　生徒が板書をメモする際に，学校では情報の重要度をチョークの色で整理して示していることを，最初の授業で説明をしておくと，支援の必要な生徒にもそうでない生徒にも，頭の中で整理しながらノートづくりを行う手助けになります。経験上3色くらいまでに抑えると，教員も生徒も「扱い」が楽です。

個別の支援スキル

🔔 生徒の困り感を基準にした情報提供

　支援の必要な生徒にとって，落ち着いて授業に参加するのにどのような条件が必要か，個々で異なります。しかし，生徒に示す情報として何が不要かをまず考えてから示さなければ，単なる「刺激」にしかならない場合も多いと思います。もちろんどんな情報の示し方でも，気にならない，あるいは適正に処理できる生徒も多いでしょう。ただ，「刺激」により集中できない状態に導き，その結果，特定の生徒が周囲にストレスを「発散」した場合，落ち着かない雰囲気の授業になる可能性も出てきます。配慮の必要な生徒を基準に情報提供の在り方を検討してみませんか？

🔔 教室環境の UD 化は手段で，目的ではない

　例えば，時間割表。クラス担任としては生徒の「やる気」が湧くように，「綺麗」できめ細かなものを作って掲示・配付したいもの。教科の区別がつきやすいカラフルな色使いで教科担任名まで書き込んで，カラープリントするかもしれませんね。年度最初の配付用ならばそれもいいのですが，情報量の多いものが年間を通じて教室前面に掲示してある必要があるでしょうか？　上記のように，これも単なる「刺激」となる生徒も何人かはいるかもしれません。

　大切なことは，特に支援の必要な生徒にとって，与えられた情報によって自分の取るべき行動について「見通し」をもちやすくなるよう，情報提供にも工夫が必要なのです。

（松下　泰久）

❷ 教科担任，関連教員間での連携ポイントは？

　ずいぶん前のことです。「教科指導は怖がらせるのが肝心」という教師がいました。そうする方が，細かい指導をする必要がなく教師にとっては楽なのです。その陰で，経験年数の少ない若い教師の授業が生徒の息抜きの場となり，なかなか授業が成立しないということも起こっていました。

　さて，新年度になり，その「怖がらせるのが肝心」という教師は２年団の所属になりましたが，１年生の一部の授業も担当することとなりました。そして，その１年の担当クラスに，課題も提出物も全く出せない生徒がいたのです。

　年度当初，その生徒は，１年団の複数の教科担任から，よく職員室に呼ばれ，強い口調で指導を受けていましたが，そのうち，１年団の教員からの指導は支援へと変わっていきました。１年団の会議で，特別な配慮が必要だとなったためです。しかしながら，その生徒は次第に学校に来づらくなり，とうとう不登校になってしまったのです。

　担任が家庭訪問を繰り返し，本人から不登校の理由を聞き出したところ，２年団所属の教科担任に，提出物が出ないことで授業が終わるごとに別室に連れて行かれ，激しく叱責され，それが怖くて，いやでいやで，ついには学校に行けなくなったということでした。

これだけは知っておこう

背景要因1 ☞学年や学科を越えた情報共有がない

　小学校の場合，ほぼクラス担任＝教科担任であるのに対し，高等学校は，中学校と同様に教科担任制で，教科ごとに担当する教員が異なります。特に高校の場合，一人の教科担任が複数の学年を担当したり，普通科と商業科といった複数の大学科を併設する学校の場合，学科の枠を越えて授業を担当する場合もあります。

　ですから高校では，学年の中だけで情報共有しても十分でない場合が多々あります。よって，学年や学科を越えた情報共有ができる体制づくりが必要です。

背景要因2 ☞生徒を支援する風土が確立されていない

　いくら学年や学科を越えた情報共有を行っても，「怖がらせるのが肝心」の教師も含め，すべての教師の足並みを揃えなければ，支援の徹底は難しいです。

　高校においても，特別支援を要する生徒だけでなく，すべての生徒に対し，伴走し，成長を支援するといった風土を根付かせることが必要です。学習指導要領の改訂で，生徒自らがいかに主体的に学ぶかが求められるようになりました。威圧的な指導により，怖がらせながらやらせるというのでは，主体的で能動的な生徒は育成できません。

　そういった意味でも，学校を挙げて，生徒が伸び伸びと学ぶことができる安心安全かつ成長を支援する学びの風土をつくりあげることが大切です。

集団への指導スキル

🔴 まずは既存のものを活用する

ほとんどの高校では，毎週学年会議が行われますが，学年を越えての定期的な情報共有の場はなかなかありません。かといって，新たに情報共有の場を設定するのも，働き方改革が叫ばれる中，難しいかもしれません。

最低限の情報共有であれば，短時間で済みますから，例えば，職員朝礼の時間を利用することも考えられます。

ある高校では，毎週運営委員会を開いており，学年を越えて気をつけなければならない生徒の情報を共有する時間を取っており，各学年主任がその情報をそれぞれの学年に伝えます。最低限の情報提供であれば，まず，そのような既存のものを活用するのがよいでしょう。

🔴 デジタルデータでの情報共有

ただ，短時間での最低限の情報共有だからといっても，状況を説明するだけで終わるのではなく，お願いしたいことを具体的に伝えることが大切です。しかしながら，それでは長くなってしまいます。そういったジレンマを解消するために，不足分の情報を補完するための共有デジタルデータをいつでも閲覧できるようにしておき，それを確認してもらうのも有効な手立てとなります。

情報共有が必要な特別支援を要する生徒の場合は，いずれにしても「個別の支援計画」が必要ですから，中学校から引き継いだ「個別の支援計画」を利用し，それがない場

合は高校で新たに作ります。特別なデジタルデータ様式を開発しなくても，「個別の支援計画」の様式を活用し，その項目のトップに，近況とお願いしたいこと等を具体的に記す欄を設けて入力し，それを確認したい教師がいつでも閲覧できるようにしておくわけです。

個別の支援スキル

⚑point その他関係者との共有も

ただし，クラス担任は，全体へのアナウンスやデジタルデータでの確認依頼だけでなく，自分が所属する学年以外の教科担任等に対しては，直接お願いをした方がよいと思います。

全体でのアナウンスでは不在の場合等，十分徹底できないことがありますし，関係者にデジタルデータを確認してほしい旨を伝えても，忙しくてなかなか見てもらえないということもあります。さらにアナウンスの届かない非常勤講師が教科担任であることもあるからです。

非常勤講師の他にも，気をつけなければならないのは，部活動の外部講師など，別途の対応が必要な関係者への情報共有です。

基本的にはこれらすべてのことは，クラス担任が対応することになると思いますので，担任はしっかりと当該生徒の関係者を洗い出しておく必要がありますが，特別支援コーディネーターや学年主任等関係教員もしっかりと気にとめて，クラス担任を支援することが大切だと思います。

point 全教員が風土改善の必要性を理解する

授業を構成する要素には様々あると思いますが，次のように大きく２つに分類できるのではないかと考えます。

---

①教科指導力

　〜教師がいかに教えるか〜

②授業経営力

　〜生徒がいかに学ぶか〜

---

①は知識とティーチングの技量が必要で，専門性の高い高校教員が得意としている領域です。

一方，②で必要なのはコーチングの技量です。一人一人の生徒の反応を予想しながら，生徒が主体的に学ぶことができるよう手立てを考えることが必要です。いわゆる「アクティブ・ラーニング」「主体的・対話で深い学び」「ユニバーサルデザイン授業（UDL）」等はこちらの領域に該当します。この領域は，これまで特に小学校で重要視され，小学校教員が力を入れて研究してきました。

これまで，高校においては，特に進学重視の普通科や，資格取得重視の専門科では，①のみを重視する傾向が強いあまりに，「教科指導は怖がらせるのが肝心」という教師を生む風土が形成されてきたのではないでしょうか。

特別支援を要する生徒，それに準ずる様々な生徒にとって，②の要素がとても大切であることは自明ですし，②の充実は時代の要請でもあります。ですから，学校を挙げて，

ティーチングからコーチングへ，そして，安心安全かつ成長を支援する学びの風土をつくりあげることの必要性をまずは全教員が理解することが第一歩です。

風土改善の好機を逃さない

折しも，学習指導要領が改訂され，高校においても前述の①「ティーチング」だけでなく②「コーチング」も重視する方向に大きく舵が切られました。これにより，特に高校教員にとっては，パラダイムの転換が必要だと言われています。

この大きな教育動向の変化は，高校における偏った風土を改善させるものであるとともに，特別支援教育にとってもよりよい風土づくりへの改善を加速させるものと言えます。

まさに風土改善への絶好の機会が到来しています。学校全体で，また一人一人が学習指導要領の改訂の波に乗ることが，風土改善の近道と言えるのではないでしょうか。

風土の改善は，非常に大きな問題で，すきまスキルとは言い難いものですが，いくら教科担任，関連教員間で情報共有できる体制が構築されたとしても，一人一人の意識改革，即ち風土の改善なくしては真の連携による支援は難しいと思います。

（豊田　晃敏）

❸ 専門機関との連携ポイントは？

　Aさんは，授業中にわからないことがあると，混乱をした様子で独り言を言ってイライラが隠せません。また，友人に対しても，思っていることを口に出してしまいやすく，よりよい友人関係をつくることが難しい状況でした。

　また，家庭でも，時折，自身の思い通りにいかないことがあると，イライラすることが抑えられず，家族に暴言を言うことがあり，学校に相談がありました。家族からは，「子どもに発達障害の可能性があるのではないか」との話があったので，学校からも家庭でのことや進路も考え，地域の発達障害者支援センターに相談を勧めました。

　あらためて家族に話を聞くと，幼い時から自分の決めたことは決して譲らないところがあり，集団での活動に入りにくいところがあったとのお話がありました。また，中学校の時にも，友人関係で他の生徒と言い合いになることが何度かあったとの話でした。

　本人の状況や対応方法についてどのように指導を行うか，必要であれば専門機関での相談が行えるとよかったのか，よりよい方法を考える上で以下の視点から考えることにしました。

　①専門機関や福祉，関係機関について知る

　②生徒本人に関することを知る

これだけは知っておこう

　「連携」はよく使われることばですが，それぞれの機関のことを知り，役割分担を行うことが大切になります。また，よい連携を図るためには情報共有を図ることも大切になります。そのためには良質な情報を得ることが必要で，その情報は，現状の本人の状況だけでなく，過去の状況などの情報もあると，より本人のことがわかり，スムーズに支援につなげていくことができます。

背景要因1 ☞専門機関や関係機関について知る

　専門機関，関係機関は様々な分野で多くあります。地域で生活する上で，学校だけでなく多くの機関が一生徒に関わることになります。連携は不可欠ですが，まずは，それぞれの機関がどういった役割を担うのか，知ることが必要です。

背景要因2 ☞生徒本人に関することを知る

　専門機関，関係機関と連携を図る際，その生徒の情報の共有を求められることがあります。中学校から引き継がれている情報だけでなく，その生徒の幼い時からの情報（生育歴）もあると支援がスムーズになるため，情報を収集していくことも大切です。

　また，生育歴を収集することで，現在見られている行動がいつから始まっているかがわかる場合もあり，指導方法の検討に役立つことがあります。

集団への指導スキル

🐦 発達障害に関する専門機関を知る

　地域生活を送る上で，様々な専門機関，関係機関があります。発達障害のある人の支援をトータル的に行う発達障害者支援センターは，全国都道府県，政令指定都市に設置されています。また，医療機関でも発達障害に対して診療を行う機関も増えてきています。指導される生徒に対して，指導方法の難しさを感じた際に，専門機関に相談をすると何かヒントになることが得られるかもしれません。それぞれの機関には，行っていることや役割があります。それぞれの機関のHPやリーフレット，問い合わせで利用方法の確認をするとよいと思います。

🐦 進路の支援を行う機関を知る

　高校生にとって，卒業後の進路は大きな課題です。本人の特性に応じた進路選択は難しく，また，多様化しています。一般の生徒が考える進路に加え，支援ニーズのある生徒に対しての進路もあります。障害福祉サービスの中に就労支援や就労に向けた訓練を行う機関もあります。卒業後すぐに就労が難しいと思われる場合，こうした機関の利用も検討してもよいでしょう。

🐦 相談支援機関を利用する

　障害福祉サービスや制度などに詳しい相談支援事業所が各市区町村に置かれています。どういったサービスがあるのか，制度の利用方法など，本人主体でできることを一緒

に考えてもらえる相談支援専門員が常駐しています。利用を検討してもよいでしょう。

個別の支援スキル

point 保護者への情報提供と共有

専門機関，関係機関の情報をあまり知らない保護者もおられます。また，「障害者」の専門機関に行くことに抵抗を感じる人も少なくありません。障害者の機関であることを強調するのではなく，本人にとってどういったメリットが考えられるか，必要性を伝えてもらい利用を勧めていただくことが大切です。こうした説明をするためにも，各機関の情報を正確に得るようにしましょう。

point 本人と一緒に専門機関の利用を考える

高校生の場合，担任の思いだけで専門機関の利用を進めることは難しいことが多くあります。どういったメリットがあり，どういったことができるところか本人にわかるように説明することが必要です。例えば，進路を考える上で，本人の得意なところを生かす就職の仕方を考える場合に，まずは，職業上の得意な部分を知るため障害者職業センターの職業評価を紹介するなど，目的と機関の役割，本人にとっての必要性を伝え一緒に考えることが大切です。

集団への指導スキル

point 情報の聞き取りを行う

専門機関との連携を図る際に，その生徒の情報を共有することはよりよい支援を共同で行うために大切なことです。学校，家庭での様子だけでなく，生育歴もより生徒のことを知る上で大切な情報になります。保護者からあらためて情報を聞くことも必要になるかもしれませんが，生徒のことを知ることでは大切なことですので，得るようにしましょう。

point 引継ぎ情報を確認する

中学校からの引継ぎ資料を見直すことも大切です。入学時の個別支援計画や引継ぎ資料に，現在高校で課題になっていることが書かれている場合もあります。引継ぎ資料は生徒の特性や行動の歴史などが指導のヒントになることもよくあります。また，指導方法も書かれている場合もあり，再度見直し，確認することも大切です。

個別の支援スキル

point 生徒の状況の記録を取る

授業中，教師や他生徒から言われていることの意味がわかりにくい，状況理解が難しいなどから，学校生活で友人との関係がうまくつくれないAさん。

担任は，学校でうまくいかない場面やAさんの発言などをまとめてもらうように各教科担任の先生にお願いをしました。

　あらためて，Ａさんの状況を，場面を絞り記載してもらうと，同じような場面で言葉を取り違うようなことがあることがわかりました。

　各教科担任に再度，Ａさんの特性と課題となりそうな表現，場面を確認しました。その結果，学校生活の中でもトラブルになることが軽減しました。

🐦 学校での記録の共有と連携

　学校生活でのトラブルが少なくなったとはいえ，今後の進路や家庭生活において，専門機関への相談を行いたいと考えた担任は，保護者の「発達障害かもしれない」という話から，本人，保護者に必要性を伝え，発達障害者支援センターに相談を行うことにしました。相談の際に，生育歴，中学校からの引継ぎ資料に加え，教科担任にまとめてもらった資料も併せて提供しました。

　発達障害者支援センターでは，これまでの経過やＡさんと保護者の思い，現在の課題も資料からわかり，なおかつ学校とも対応方法の共有が図れたことから，支援もスムーズに行うことができました。

　また，家庭生活においても保護者とのやりとりについて記してもらいました。保護者とのやりとりで留意する点を共有し，場面によって少しわかりづらい点などの説明の仕方を確認しました。

（和田　康宏）

❹ 高等学校卒業までに生徒に教えたい社会資源とその指導ポイントは？

　2003年に措置制度が原則廃止になり現在に至るまでの間，社会生活を送ることに障害をもつ人たちが使える社会資源の形は急速に変化してきました。複雑化したと言い換えてもよいでしょう。国が，フォーマルな福祉をあえて「福祉サービス」と表現したことで，サービス業と勘違いする利用者や事業者も出てきています。しかし，自立した生活を目指すために本人の自覚と自助は欠かせないものであり，社会資源の選択は，明日の朝着ていく服を選ぶのとは訳が違います。場合によっては，ニーズとデマンドの違いがわかっていないまま，事業者側はお客さん（利用者）集めをし，利用者側は事業所の選択をしているというケースもあります。そこには，甚だしい情報の非対称性があると言わざるを得ません。この場合，一般に市場の失敗が生じ健全な形での淘汰は起こりません。現状，国がそこまで予測して制度設計をしているのかどうかはわかりません。

　また，フォーマルな支援を使うことができるように支給決定をする機関は，18歳を境に，児童相談所から福祉事務所や市区町村福祉課の管轄に変わり，使えるものや目的も変わってきます。

　以上の点に留意しつつ，ここではフォーマルな社会資源の情報について取り扱ってみたいと思います。

これだけは知っておこう

背景要因1 ☞自立への過程はイメージしにくい

　訓練も援助も支援も，その結果が，ただ形を整えただけであれば意味がありません。本人の内心の問題として，誇りをもって暮らしたり働いたりしている状態になることが目的になります。これは，この間整備されてきた様々な社会資源を選ぶにあたって，最も大事なことになります。

　また，安易に使われる「自立支援」という言葉にも気をつけなければいけません。人はいきなり自立するわけではありません。自立という状態は，広義の意味で言う「社会」のなかで，時間をかけて達成されていくものです。ところが，「自立支援」という言葉には，そのプロセスを捨象する雰囲気が伴います。厳しい言い方をすれば，自立していないから公的な支援が必要なのです。そして，その範囲を通過するから誇りをもって暮らせるようになるのです。

背景要因2 ☞当事者にとってわかりにくい制度

　障害福祉制度は，社会保障費を抑制するためにも，その内容を細分化する方向で整備されてきました。さらに地域ごとに解釈や運用の違いもあります。「地域ごと」という場合も，特別支援学校における学区とは違う地域ですので，卒業後，発達に遅れのある当事者がこれを理解することは大変です。まずは，教師が全体像を理解した上で，個々の理解力に合わせ，相当にかみ砕いて説明する必要があることを覚悟しておく必要があります。

集団への指導スキル

🎯 学年という概念がなくなる

　当然のことですが，卒業後の社会に「学年」という概念はありません。そこが福祉施設であれ，企業であれ，年齢層ごとに均質化された支援を受けるという形にはなりません。年齢に関係なく，期待される機能をもつ社会資源を主体的に使いこなすことが必要になります。良くも悪くも，生徒たちが高校まで慣れ親しんできた学校とは有り様が違っていることを伝えておく必要があります。

🎯 「無知の知」と「相談力」を育てる

　学校は，生徒たちの教育に関して，広範囲のことを取り扱う場です。しかし，卒業後の社会資源は，目的ごとに機能分化されており，利用目的を意識していないと，使っている意味がなくなってしまいます。つまり，意味ある使い方をするためには，自分自身のニーズを把握している必要があるということになります。しかし，実際には高校卒業時にそこまで自己把握ができている人はいません。細分化されている社会資源を組み合わせ，使いこなすのは容易ならざることです。ニーズに合った分野ごとの社会資源を組み合わせてプランニングする際に，ハブになるのが計画相談支援事業所です。これを使いこなすために必要なのは，相談力です。普段から，ソクラテス哲学のように「無知の知」を自覚して相談し合うような集団指導が必要です。

個別の支援スキル

ニーズをつかみ基礎づくりをする

　アブラハム・マズローは，人間の欲求を5段階に分けて以下のように説明しました。

　①生理的欲求　②安全欲求　③社会的欲求

　④尊厳欲求　　⑤自己実現欲求

　尊厳欲求や自己実現欲求という高次の欲求を手に入れるには，土台である低次の欲求を満たす力が必要です。食べられること，飲めること，休めること，眠れること，危険を回避できること，健康を維持できること，などの力は身についているでしょうか。そういった力を身につけたり援護してもらったりして充足するための社会資源にはどんなものがあるのか，高校時代によく話し合ってみましょう。就労継続支援B型，就労移行支援は，働くことに焦点をあてた自己実現に向けての支援です。生活介護は，いくらか介助が必要な人向けの日中活動の場です。自立訓練は，生活力を高めるための訓練をします。どれも，マズローの言う高次の課題を満たす前提となる低次の課題を達成するための支援機能をもっています。逆に，低次の欲求を自力で満たせる段階にある人は，企業や就労継続支援A型での就労にチャレンジしつつ，不安な点があれば，その範囲に応じて，就労支援センター，就業・生活支援センター，相談支援，成年後見制度などを使います。グループホームやヘルパーを活用して親元から離れて暮らす，生活面の挑戦も，若いうちにしておくべきことだと思います。

集団への指導スキル

point 全体像をつかんだ説明を

　専門化，細分化が進み，全体像がつかみにくくなった支援システムの全体像を理解させる指導をするには，教師がそれについて理解している必要があります。厚生労働省のホームページから「障害福祉サービスについて」と入力して検索すると，フォーマルな社会資源についての説明資料を読むことができます。参考にしてください。

　生徒たちに説明する際には，同省から，障害者総合支援法におけるフォーマルな社会資源を必要最小限の情報に絞った『わかりやすい版　知ろう・使おう・楽しもう　障害者総合支援法のサービスを利用したい人へ』というパンフレットが出ています。想定できる状況ごとに，使える社会資源の種類が紹介されており，全体像をつかむには，よい教材になるかもしれません（https://www.mhlw.go.jp/file/06-Seisakujouhou-12200000-Shakaiengokyokushougaihokenfukushibu/0000181617.pdf）。

　利用を開始するまでのステップは，大雑把に言えば，①役所の窓口，②相談支援事業所，③対象事業所の順番に進めていきますが，③の事業所見学自体は，①や②を経なくても，個人で探して直接行くことができます。直接事業所を訪問して情報収集に努めている先生方も多いと思います。百聞は一見にしかず。現場を観た上で生徒に語る姿勢は，とても大切なことだと考えます。

個別の支援スキル

⚑ 自分を知ること

　高校卒業の時点では，まだまだ発達途上の段階です。安定した青年期を送ることができるように，これから身につけるべきことがたくさんあります。そのための準備として，自分自身の実力を棚卸しした上でなければ，マッチした社会資源を探すことはできません。夢や希望を聞くのと同じ比重で，これを行っていきましょう。

⚑ 支援者との関係を築く

　わかりにくい制度を使いこなすためには，その人なりに他者とのやりとりを丁寧にこなす力をつけておく必要性があります。日常的に「対人関係」「やりとり」から学ぶ姿勢を大切にしましょう。ここまで営々と積み重ねてきた教育・療育もそうだったはずですが，卒業後に応援してくれる人たちとよい関係性を築くことは，幸せを感じる生を全うするための必須条件になります。小さい頃から様々な立場の人たちと良好な関係を築けるようになることを目標にした教育や療育を積んできた人には，このことについて，しっかりとした地力があり，幸せに近づきやすい体質のようなものが備わっているものです。

　フォーマルな支援であれば，多くの連携においてハブになるのは相談支援専門員です。ニーズをよみ，必要な社会資源と結びつける力のある支援者との関係を地道に築いておきましょう。

（髙原　　浩）

あとがき

・・・・・・・・・・・・・・・・・

　こんにちは。お初にお目にかかります。堀裕嗣（ほり・ひろつぐ）と申します。札幌市で中学校の国語教師をやっております。特別支援教育に大きく問題意識をもたれている先生方，日々子どもたちの背景に目を向けることに腐心していらっしゃる先生方には，馴染みのない人間であるという自覚があります。従って初見の挨拶と相成りました。

　さて，まずは本書上梓に至る「すきまスキル」という企画に関する二つの流れについて説明するところから始めようと思います。

　「すきまスキル」本にはこれまで，「学級経営すきまスキル」「生活指導・生徒指導すきまスキル」「特別支援教育すきまスキル」「保護者対応すきまスキル」という四つのシリーズが上梓されています。「学級経営」「生活指導・生徒指導」「保護者対応」は低学年編・高学年編・中学校編の三分冊でしたが，「特別支援教育」だけは下学年編と上学年・中学校編の二分冊でした。「特別支援教育」にはその他三企画のようなニーズはないだろうと，青山先生と私とで，編集部の及川さんと相談しながら決めたことでした。

　しかし，いざ刊行されてみると，私どもの予想は大きくはずれました。「特別支援教育すきまスキル」こそが実はニーズが高く，いまではすべてのシリーズのなかで最も売れているシリーズになっています。私と青山先生は特別支援教育の思想，発想がずいぶんと通常学級の先生方にも浸

透したのだな……と隔世の感を抱きました。

　そのうちに，高校の先生方から「高校編は出ないのか」「高校編はいつ出るんだ」との声をいただくようになりました。そうして完成したのが本書です。こうした経緯ですから，本書の完成を私たちはほんとうに喜んでいます。

　「特別支援教育」は排除ではなく，その子独自の背景要因に目を向けながらも，その子が所属する集団を指導し，それと同時にその子自身への支援を広げ深めていく，そうした思想に基づいた教育政策であったはずです。そしてそうした子の存在によって，実は長期的に集団自体も高まっていくことが目指されていたはずです。それが一般の教師は「専門的な教育は専門家に任せれば良い」になり，専門をもつ教師は「専門家同士がお互いの専門領域に踏み込まない」になり，子どもたちだけでなく，意識しないうちに教師までが切り離されていく……そんな現状にあるような気がして，長く忸怩たる思いを抱いてきました。

　その意味で本書は，集団指導スキルと個別支援スキルの双方に焦点化しました。改めて編者の青山新吾先生，執筆者の皆さん，編集部の及川さんに感謝申し上げる次第です。ありがとうございました。

「トニー滝谷」坂本龍一／2007を聴きながら
緊急事態宣言下の日曜の夜に　堀　　裕　嗣

【執筆者一覧】（掲載順，執筆時点）

青山　新吾　　ノートルダム清心女子大学人間生活学部児童学科准教授

三牧　知子　　岡山県立津山東高等学校教頭

久保山茂樹　　独立行政法人国立特別支援教育総合研究所
　　　　　　　上席総括研究員

和田　康宏　　ひょうご発達障害者支援センター

日下　紀子　　ノートルダム清心女子大学人間生活学部児童学科准教授

髙原　　浩　　フェスティーナレンテ株式会社

岡田　克己　　東京都狛江市立狛江第三小学校

東　　俊一　　ノートルダム清心女子大学人間生活学部児童学科准教授

西　　幸代　　一般社団法人ぷれジョブ

豊田　晃敏　　岡山県立総社高等学校長

湯澤　美紀　　ノートルダム清心女子大学人間生活学部児童学科准教授

村上加代子　　甲南女子大学人間科学部総合子ども学科准教授

堀　　裕嗣　　北海道公立中学校

竹中　正彦　　兵庫県立姫路しらさぎ特別支援学校

永井　智樹　　基幹相談支援センタークローバー

三好　祐也　　認定特定非営利活動法人ポケットサポート

森　　千夏　　大阪大学キャンパスライフ健康支援センター

松下　泰久　　岡山県立高梁城南高等学校長

【編者紹介】

青山 新吾（あおやま しんご）
1966年兵庫県生まれ。ノートルダム清心女子大学人間生活学部児童学科准教授。インクルーシブ教育研究センター長。岡山県内公立小学校教諭，岡山県教育庁指導課，特別支援教育課指導主事を経て現職。
『特別支援教育すきまスキル』（小学校下学年編／小学校上学年・中学校編）『今さら聞けない！ 特別支援教育Ｑ＆Ａ』（以上，明治図書）など著書・編著多数。

堀 裕嗣（ほり ひろつぐ）
1966年北海道湧別町生まれ。北海道教育大学札幌校・岩見沢校修士課程国語教育専修修了。1991年札幌市中学校教員として採用。1992年「研究集団ことのは」設立。
『特別支援教育すきまスキル』（小学校下学年編／小学校上学年・中学校編）『保護者対応すきまスキル70』『学級経営すきまスキル70』『よくわかる学校現場の教育心理学』『教師の仕事術10の原理・100の原則』（以上，明治図書）など著書・編著多数。

特別支援教育すきまスキル　高等学校編

2020年7月初版第1刷刊　　©編　者　青　山　新　吾
　　　　　　　　　　　　　　　　　堀　　　裕　嗣
　　　　　　　　　　　発行者　藤　原　光　政
　　　　　　　　　　　発行所　明治図書出版株式会社
　　　　　　　　　　　http://www.meijitosho.co.jp
　　　　　　　　　　　（企画）及川　誠（校正）西浦実夏
　　〒114-0023　東京都北区滝野川7-46-1
　　振替00160-5-151318　電話03(5907)6703
　　　　　　　　ご注文窓口　電話03(5907)6668

＊検印省略　　　　　　組版所　株式会社カシヨ

本書の無断コピーは，著作権・出版権にふれます。ご注意ください。

Printed in Japan　　　　　　ISBN978-4-18-285018-9
もれなく ク ポンがもらえる！読者アンケートはこちらから